云南史话

地方系列

云南省社会科学界联合会 组编

玉溪史话

玉溪市社会科学界联合会　编著

云南出版集团
云南人民出版社

图书在版编目（CIP）数据

玉溪史话 / 云南省社会科学界联合会组编；玉溪市社会科学界联合会编著 . -- 昆明：云南人民出版社，2017.11（2018.12 重印）
（云南史话 . 地方系列）
ISBN 978-7-222-16672-1

Ⅰ . ①玉… Ⅱ . ①云… ②玉… Ⅲ . ①玉溪 – 地方史 Ⅳ . ① K297.43

中国版本图书馆 CIP 数据核字 (2017) 第 286287 号

出 版 人：赵石定
统筹编辑：马维聪
责任编辑：李东华　陈　亚
责任校对：杨金萍　余丽红
装帧设计：赵　丹

玉溪史话
yuxi shihua
云南省社会科学界联合会　组编
玉溪市社会科学界联合会　编著

出　版　云南出版集团　云南人民出版社
发　行　云南人民出版社
社　址　昆明市环城西路 609 号
邮　编　650034
网　址　http：//ynpress.yunshow.com
E-mail　ynrms@sina.com
开　本　787mm × 1092mm　1/32
印　张　8.125
字　数　126 千
版　次　2017 年 11 月第 1 版　2018 年 12 月 2 次印刷
印　刷　云南商奥印务有限公司
书　号　ISBN 978-7-222-16672-1
定　价　25.00 元

如需购买图书、反馈意见，请与我社联系
总编室：0871-64109126　发行部：0871-64108507
审校部：0871-64164626　印制部：0871-64191534

云南人民出版社公众微信号

总 序

七彩云南，气象万千。

这里东连黔桂，西邻缅甸，北靠川渝，南望越南、老挝，是祖国大陆通往南亚东南亚、前出印度洋的枢纽和大通道。特殊的地理，悠久的历史，孕育了深厚的底蕴，创造了丰富多彩的灿烂文化，成为中华文化同南亚次大陆文化、东南亚文化交汇区域，是文化交汇、融合、多样性的现代范本。

这里山川纵横。横断山、哀牢山、无量山、云岭、乌蒙山等山系支撑起祖国西南辽阔的天空。这里碧水荡漾。滇池、洱海、抚仙湖、程海、泸沽湖、杞麓湖、异龙湖、星云湖、阳宗海等湖泊，像一颗颗璀璨的明珠，镶嵌在云南高原上。这里江河澎湃。金沙江、澜沧江、怒江、红河、南盘江、伊洛瓦底江等六大水流联通各民族共同的家园。这里是植物王国、动物王国、有色金属王国。这里气候温和、四季犹春，在中国是绝无仅有的宜居宝地。

这里历史悠久。元谋人从170万年前的远古走来。战国中晚期庄蹻入滇，第一次把楚文化与滇文化连接起来。秦开五尺道、汉习楼船，云南正式纳入祖国版图。唐宋时期，南诏、大理国文化唱响西南。元初正式建立行省。明清时期，云南经济社会得到长足发展。20世纪初，云南各族人民打响了护国战争第一枪，开始埋葬封建帝制。在抗日战争中，几十万云南各族儿女征战沙场，扬我国威！西南联合大学谱写了世界教育史上的奇迹。

在这片红土地上，传承着红色文化基因。走出了王复生、王德三等早期马克思主义播火者，走出了无产阶级军事家罗炳辉，《中华人民共和国国歌》的作曲者聂耳，马克思主义大众化的中国第一人、我们党思想理论战线忠诚的战士和学者艾思奇。20世纪30年代，毛泽东率领中国工农红军长征过云南，播下了革命火种。40年代后期，中国共产党领导下的滇桂黔边纵队与中国人民解放军，在极端艰难困苦的条件下英勇作战，迎来了新中国的诞生！

这一切，催生了一系列独具特色的历史文化：有史前文化、古滇文化、哀牢文化、爨文化、南诏文化、移民文化、护国文化、抗战文化、西南联大文化、红色文化。

这里是民族文化的富聚区，民族文化多样性的活态博物馆。26个民族中16个独有民族，15个民族跨境而居。民族文化丰富多彩、博大精深、底蕴深厚、特色鲜明。如彝族的毕摩文化、藏传南传佛教文化、傣族的贝叶文化、纳西族的东巴文化、哈尼族的梯田文化，等等，还有各种各具特色的丧葬、婚姻、服饰、建筑、节日、歌舞、生态等文化形态。此外还有各民族长期以来相互交融、相互学习、共同发展而产生的综合性文化，如茶文化、医药文化、烟草文化、驿道文化、青铜文化、石刻文化等，异彩纷呈，不胜枚举。

云南各民族优秀文化是中华文化的重要组成部分，是中华文化的瑰宝，是中华民族文化大花园中的奇葩！在长期的历史发展中，在红土高原上，形成独具特色的历史文化、地域文化、民族文化，其突出特点是多样形态、多元一体、和谐共生。各种文化，相互交融。佛教文化、基督教文化和伊斯兰文化并存（即使在同一宗教内，不同派别也和睦相处，如同为佛教，藏传佛教、南传上座部佛教和汉传佛教，亲密无间）、儒释道文化并存、原生态文化与现代文化并存、多民族文化并存。

在经济全球化、文化经济化、经济文化一体化的今天，文化既是社会生活方式，更是一种社会生产力，是各民族共同的精神家园。

“观乎天文，以察时变；观乎人文，以化成天下”（《易经－贲卦》）。习近平总书记指出：“要始终坚持道路自信、理论自信、制度自信，最根本的还有一个文化自信。”党的十九大报告提出：“要坚定文化自信，推动社会主义文化繁荣兴盛。”“没有高度的文化自信，没有文化的繁荣兴盛，就没有中华民族伟大复兴。要坚持中国特色社会主义文化发展道路，激发全民族文化创新创造能力，建设社会主义文化强国。”这是党中央赋予我们这一代哲学社会科学工作者的历史使命！承担起新时代这一历史使命，必须在新的实践基础上，用中国特色社会主义文化引领，推动文化的创新发展。必须深入挖掘传统文化资源，从中吸取历史智慧，引导云南各族人民树立正确的历史观、民族观、国家观、文化观，推动文化创造性转化。还必须为各族人民提供丰富的精神食粮，不断满足人民过上美好文化生活的新期待。

古人云：“虑不远不足以图大功，功不大不足以传永世”。云南省社科联为贯彻落实党的十九大精神，为传承、弘扬云南优秀传统文化，坚定各族干部群众文化自信，决定组织全省有关专家学者编辑出版“云南史话”系列丛书，分别为地方系列、民族系列、特色县市系列、民族文化艺术系列、重大历史事件系列五部分，每套丛书出版20种，共计100种。这是一项规模宏大的系统工程，计划用五年时间完成。通过本套丛书，我们将深入挖掘云南文化宝贵资源，认真梳理云南文化发展脉络，总结云南文化发展的特点及其规律，以期为增强文化自觉，坚定文化自信，牢记习近平总书记对云南人民的嘱托，闯出一条跨越式发展的路子，为努力成为民族团结示范区、生态文明建设排头兵、面向南亚东南亚辐射中心，谱写好中国梦的云南新篇章而奋斗！

是为序。

云南省社科联党组书记、主席　张瑞才

2017年10月

序

在中华民族悠久的历史文化长河中，作为生命起源地、云烟之乡、花灯之乡、聂耳故乡、高原水乡的玉溪是不可或缺的一页。《玉溪史话》作为“云南史话”大型系列丛书之一，执笔的同志们力图用历史的眼光、多维的视角、深情的笔墨来反映玉溪的过往，看人类文明的发展在这里留下的那些痕迹，让更多的人不断增强对自己民族历史文化的自信、自觉和自豪，来昭示玉溪的未来，看中华优秀民族文化中那些最深沉的精神追求，如何转化成在全省率先全面建成小康社会的智慧和力量。这也是编纂《玉溪史话》的初衷。在此，我愿意当一次导游，带着朋友们走进玉溪，感悟历史，哪怕是管中窥豹。

玉溪的历史是悠久的。一个100万年前的“火塘”，能够让人们看到三湖文明初现的曙光。2016年5月，位于抚仙湖畔的甘棠箐旧石器遗址入选“2015年全国十大考古新发现”，生活在这里的古人类创造的文明让世人震惊。研究表明：云南最早的“火塘”从这里点燃，独树一帜的砸击技术文化体系在这里形成，东亚古人类本地起源说在这里找到答案，古人类最早使用的木制品在这里现身。三湖流域成为孕育人类文明的一方沃土。

玉溪的历史是厚重的。一件精美的青铜器，能够让人们听到中华文化大融合的回音。云南省博物馆有一件发掘于江川区李家山的镇馆之宝——牛虎铜案，这一中国文物考古界在20世纪70年代初的惊人发现，揿开了古滇王国神秘面纱的一角。面对牛虎铜案，历史学家看到了两千多年前，中国南北文化的交汇点；物理学家看到精湛的冶炼技术，力的平衡原理的精致运用；艺术家看到了寓“动”于“静”之中的巧妙构图；社会学家看到残暴与驯良、善与恶的斗争。牛虎铜案只是青铜文化中的一个代表。其实，将厚重的历史物化在具体形态中，不仅体现在青铜文化上，而且还体现在陶瓷文化上，那些开创了元代乃至宋代“玉溪窑”的功臣们，怎么也不会想到，在穿越了数百年时空之后，玉溪陶瓷的釉色和纹饰会更加迷人；体现在银饰文化上，从元代蒙古人入滇以来的700多年中，民族文化日益交流与融合，带着历史烙印和现代气息的精美银饰品，从这里走向全国、走向世界；体现在刺绣文化上，是彩虹般艳丽的傣锦、端庄典雅的彝绣；体现在鬼斧神工的木雕、石雕技艺上……它透露出的是一个地方悠久的历史和多元、包容的文化。

玉溪的历史是难忘的。一部《蹉跎岁月》电视剧，能够让人们感悟山水里的人文情怀。游客到玉溪，想到蹉跎村走走。其实玉溪没有蹉跎村，只有《蹉跎岁月》里的那棵树、那个湖。重温这部拍摄于20世纪80年代，取景于抚仙湖边禄充的电视剧，再走当年的蹉跎村，就会知道为什么一经播出就轰动全国、万人空巷的缘由。那就是观众不仅品味着动人的故事，还欣赏着故事后面的美景。到了抚仙湖，你会看到这里水质Ⅰ类，有容乃大，206亿立方米的蓄水量占全国淡水湖泊的近十分之一；这里神秘莫测，中央电视台两次水下探秘，还是只知其一。抚仙湖也只是碧玉清溪中的一个缩影。此外还有那些与湖泊、溪流、大河、温泉相依相偎的大山。在磨盘山下，就想尝尝千桌万人磨盘宴；在梁王山上，就想领略一山观四海的气势；在哀牢山里，就想感受人与自然和谐相依的氛围；在红塔山旁，就想看看曾经的中国第一经济品牌。

玉溪的历史是充满正能量的。一首《义勇军进行曲》，能够激励人们始终走在中华民族伟大复兴的路上。当玉溪人在国歌声中伫立时，在感觉上好像多了点什么。是因为他的曲作者是玉溪人，听出了家乡的味道，还是因为玉溪是花灯的故乡，听出了民族音乐的元素。大概都有，我想更主要的是国歌声中的那句“中华民族到了最危险的时候”，与我们血液中流淌着的忧患意识产生了共鸣。这看似平常的伫立瞬间，人、精神、使命交融在一起。其实，聂耳能够为祖国的前途命运而忧，为凝聚祖国图强的力量而呐喊，绝非偶然。翻开中华民族图强的历史，玉溪人敢为天下先的例子不胜枚举。在虎门销烟这场中国人民禁烟斗争取得胜利的后面，有朱嶟首倡禁烟和举荐林则徐的伯乐之功；在推翻封建君主专制制度的辛亥革命中，有罗佩金、李鸿祥、谢汝翼等将领在重九起义中的显赫战功；在传播马克思主义的进程中，有郑易里组织编译工人阶级圣经《资本论》的艰辛与曲折；在抗日图存这场反对外敌入侵的民族解放战争中，有唐淮源上将的舍生取义；在中国“两弹一星”研制的一线，有杨国祥带弹着陆的奇迹和投弹成功的辉煌；在促进民族文化交流的进程中，有一生致力于中阿文化交流的友好使者纳训、纳忠。这种“先天下之忧而忧”的情怀，已经成为建设生态宜居文明幸福魅力之城的原动力。

当前，玉溪市委正带领全市人民深入学习

贯彻习近平总书记系列重要讲话和考察云南重要讲话精神，坚定不移地实施生态立市、产业富市、创新强市、开放兴市、共享和市五大战略，描绘美丽宜居的“山水画”，打造跨越发展的主引擎，增强赶超跨越的内动力，谱写合作共赢的新篇章，创造幸福美满的好日子。

历史是由人民书写的。我们把挖掘、整理、继承和弘扬优秀历史传统文化，作为培育社会主义核心价值观的基础性工程，这为《玉溪史话》的编纂提供了丰富的素材。历史是由人民创造的。在全省率先全面建成小康社会，谱写好中国梦玉溪篇章的路上，我们把彰显“红塔山”的坚韧与进取、“抚仙湖”的境界与内涵、“玉溪人”的自强与担当，作为弘扬民族精神、汇聚发展力量的有效途径，这为《玉溪史话》发挥作用提供了广阔的舞台。

最后，对《中国史话》编辑委员会专家朋友们的精心指导，致以诚挚的谢意！

中共玉溪市委书记　罗应光

目　录

一、概况综述

（一）人口概况

被誉为生“命起源地”“云烟之乡”“花灯之乡”“聂耳故乡”“高原水乡”的玉溪市，位于云南省中部，总面积 15285 平方千米，占全省面积的 3.88%。全市辖 2 区 7 县，市委、市人民政府驻红塔区，距省会昆明市 88 千米。连接中国内地与东南亚的泛亚铁路东线、中线和昆曼、昆河高速公路在玉溪交汇，玉溪是通往东盟的重要交通枢纽。玉溪资源丰富，历史悠久，人杰地灵，文化独特。2015 年末，全市常住人口 236.2 万人，占全省常住人口的 5.0%，居全省 16 个州市第 11 位、西部 51 个城市第 25 位；生产总值 1245.75 亿元，居云南各州市第 3 位、西部城市第 28 位；人均生产总值 5.28 万元、财政总收入 506.31 亿元、地方公共财政预算收入 124.82 亿元、城镇居民人均可支配收入29631元、农村居民人均可支配收入10977元、城镇化率达47.07%，均居全省各州市第2位。

1. 行政区划

玉溪市辖地，两汉分属益州、牂牁两郡。蜀汉分属益州、牂牁、兴古三郡。东晋、南朝分属晋宁、建宁、梁水、兴古四郡。隋属昆州。唐初分属黎、钩二州。唐南诏时分属拓东节度、通海都督、银生节度。元设云南行省时，分属澄江路、临安路、元江路、中庆路。明朝时期，澄江路改澄江府，通海、华宁、峨山县属临安府，新设新平县隶临安府，易门县属云南府，元江县设元江军民府。清时，新平县属元江直隶州，其余沿明制。民国废府、州设道，属滇中道、蒙自道、普洱道，后撤道，县直属省。民国后期曾在新平县设第六行政督察专员公署。新中国成立后，行政区划几经调整。1950年1月1日成立滇中专员公署，3月改称玉溪专员公署，辖玉溪、昆阳、晋宁、呈贡、澄江、江川、华宁、通海、河西、峨山、易门、新平12个县。1951年，峨山县改设峨山民族自治区（1954年改称峨山县彝族自治区）。1954年，原属蒙自专区的元江县划属玉溪专区。1956年，峨山彝族自治区改为自治县。1960 年，晋宁县（包括昆阳、呈贡）划属昆明市。1970 年，玉溪专员公署改称玉溪地区。1980 年 11 月 23 日，元江县改设元江哈尼族彝族傣族自治县。1980 年 11 月 25 日，新平县改设新平彝族傣族自治县。1983 年 8 月，玉溪县改设县级玉溪市。1997 年 12 月 13 日，国务院批准撤销玉溪地区设立地级玉溪市，撤销县级玉溪市设立红塔区。1998 年 6 月 28 日，地级玉溪市正式成立，辖区范围不变。2015 年 12 月 3 日，国务院批准撤销江川县，设立玉溪市江川区。2016 年 2 月 26 日，玉溪市江川区正式成立。至此，玉溪市辖红塔区、江川区、通海县、澄江县、华宁县、易门县、峨山彝族自治县、新平彝族傣族自治县、元江哈尼族彝族傣族自治县，共设 75 个乡镇和街道办事处。其中，街道办事处 24 个、镇 25 个、乡 26 个（民族乡 10 个）；设 703 个村（居）委会、社区，其中村委会 437 个、居委会 1 个、社区 265 个；设 6720 个村（居）民小组，其中村民小组 4098 个、居民小组 2622 个。

2. 人口分布

2015 年末，玉溪市户籍人口 216 万人，其中：

红塔区 43.81 万人，占全市户籍人口的 20.28%；江川区 27.84 万人，占 12.89%；通海县 28.61 万人，占 13.24%；澄江县 14.30 万人，占 6.62%；华宁县 21.14 万人，占 9.79%；易门县 16.55 万人，占 7.66%；峨山县 15.50 万人，占 7.17%；新平县 27.51 万人，占 12.74%；元江县 20.75 万人，占 9.61%。全市人口密度 141.3 人/平方千米，人口自然增长率 5.6‰。全市城镇人口 80.8 万人，乡村人口 135.2 万人。依性别划分，男性人口 108.67 万人，女性人口 107.33 万人，分别占户籍人口的 50.3% 和 49.7%。

3. **民族构成**

民族大团结

2015年末，全市有汉族141.78万人，占全市户籍人口的65.64%；少数民族74.23万人，占34.36%。人口超过1000人的世居少数民族有8种：彝族有45.61万人，占全市少数民族人口的61.4%，主要分布在峨山、新平、元江3个民族自治县和红塔区洛河、小石桥，江川区安化，通海县高大、里山，华宁县通红甸，易门县十街、浦贝、铜厂9个民族乡；哈尼族12.77万人，占17.2%，主要分布在元江、新平、峨山3个民族自治县；傣族7.53万人，占10.2%，主要分布在元江、新平2个民族自治县和通海县高大民族乡；回族4.36万人，占5.9%，主要分布在通海县纳古镇、红塔区北城街道、华宁县盘溪镇、峨山县小街街道；白族1.15万人，占1.5%，主要分布在元江县因远镇；蒙古族0.75万人，占1.0%，主要分布在通海县兴蒙蒙古族乡；苗族0.83万人，占1.1%，主要分布在华宁县通红甸民族乡；拉祜族0.73万人，占1.0%，主要分布在元江、新平两个民族自治县。玉溪少数民族居住地域广大，占全市辖区面积的70%左右。长期以来，玉溪各民族和睦相处，共同发展，是祖国多民族大家庭团结和谐的缩影。

（二）地理环境

玉溪市地处云贵高原西缘，介于北纬23° 19′ ~ 24° 53′，东经101° 16′ ~ 103° 09′之间。北接昆明市，西南连普洱市，东南邻红河州，西北靠楚雄州。区域最大横距172千米，最大纵距163.5千米。

市内地势西北高，东南低，地形复杂。山地、峡谷、高原、盆地交错分布。西部哀牢山是一巨大屏障，山峦连绵，谷壑纵横，属滇西纵谷地带，斜贯市内新平、元江两县西部。哀牢山以东是云贵高原西缘，东部和北部有一些较大的断层陷落盆地，南部和西部地表被河流切割，形成一系列向南弯凸的弧形山脉，失去高原本来面貌。元江河谷沿哀牢山脉东侧的元江断裂带切割较深，从江面到山顶高差达2000米以上，形成高山峡谷地带。哀牢山脉主峰大雪锅山海拔3137米，为市内最高点；小河底河与元江汇合处海拔328米，是市内最低点，相差2809米。全市除元江河谷外，大部分地区海拔为1500 ~ 1800米。玉溪市人民政府驻地红塔区城区海拔1630米。

境内主要山峰中，哀牢山脉呈西北向东南走

向，斜贯市内新平、元江两县西部。高鲁山位于玉溪盆地西侧，南北走向，主峰黑风洞山海拔2614米；梁王山从江川区谷堆山转向北东，直抵澄江县阳宗海西侧，最高海拔2820米；磨豆山沿抚仙湖东岸经江川区、华宁县直达杞麓湖北岸，最高海拔2663米；大水井岩头山位于华宁县中部，自北向南，有红岩（海拔2281米）、大水井岩头（海拔2623米）、登楼山（海拔2507米）、羊槽（海拔2229米）等山峰；螺峰山位于通海县境内，是云南“山”字形构造的前弧地带，呈向南凸出的弧形，海拔2241米。境内还有众多的零散破碎山体，因高山峡谷交错，形成海拔在2000米以上的数十座孤立山峰。

与复杂多样的地势相适应的是立体多样的气候。玉溪市地处低纬高原，山地、峡谷、湖泊、盆地相间，海拔高差大，属中亚热带湿润冷冬高原季风气候，具有四季温差小、干湿季分明和垂直差异显著、立体气候明显的特征。四季温差在16℃之内，以春秋气候为主。除低热河谷外，大部地区冬无严寒，夏无酷暑，年平均气温16.5 ~ 24.8℃。年均日照总时数2654.4 ~ 1851.4小时，除元江县全年无霜外，其他县区无霜期 293 ~ 319 天。年均降雨量 665.7 ~ 1032.7 毫米，多集中在夏、秋季，雨季地表径流量占全年径流量的 70% ~ 80%，雨热同季，既有利于农业生产，又适宜旅游、居住、工作和生活。

（三）自然资源

1. 水利资源

玉溪境内河流分属珠江、红河两大水系。其中，珠江水系流域面积 5296 平方千米，占 34.65%；红河流域面积 9989 平方千米，占 65.35%。珠江水系主要河流有南盘江、曲江、练庄河、华宁州大河、青龙河、澄江县水河等；红河水系主要河流有元江、绿汁江、扒河、小河底河、元江县清水河、挖窑河等。境内最大河流有南盘江和元江。其中，南盘江自北向南沿澄江县与宜良县、华宁县与弥勒市边界，流至华宁县磨法冲的干沟箐出境，入红河州的建水、弥勒两市县，玉溪境内长度 84 千米，主要支流有曲江、华宁州大河等；元江由楚雄州与玉溪市交汇处三江口进入新平、元江两县，向东南流至与小河底河相汇的南昏附近出境，境内长度 165 千米，主要支流有扒河、绿汁江、小河底河、元江清水河等。

市内有高原断陷湖泊抚仙湖、星云湖、杞麓湖。抚仙湖位于澄江县、江川区、华宁县之间，湖形似葫芦，北宽而深，南窄而浅，中细长如颈，南北长 31.5 千米，东西最宽 11.5 千米，最窄处 3 千米，湖岸线长 90.6 千米，湖面水位海拔 1721 米，平均水深 95.2 米，最大水深 158.9 米，是中国第二深水湖；湖面面积 216.6 平方千米，总蓄水量 206.2 亿立方米，分别是滇池的 12 倍和洱海的 6 倍，占全国淡水湖泊蓄水量的近 10%。抚仙湖水质为 I 类，是国家一类饮用水源地，也是我国水质最好的天然湖泊之一。星云湖位于江川区，湖面面积 34 平方千米，总蓄水量 1.84 亿立方米，湖面水位海拔 1722 米，平均水深 7 米，最大水深 10 米。杞麓湖湖位于通海县，湖面面积 36.4 平方千米，总蓄水量 1.82 亿立方米，湖面水位海拔 1792 米，平均水深 4 米，最大水深 6.79 米。

从 20 世纪 60 年至今，玉溪市建成以东风水库、星云湖—抚仙湖出流改道工程、东片区暨“三湖”生态保护水资源配置应急工程为代表的一大批水利基础设施项目，截至 2015 年 12 月底，全市累计建成水库、坝塘 2561 件，其中：小（二）型以上水库 585 件。总库容 8.5 亿立方米；蓄水量 5.3 亿立方米。水利工程供水量 77664.26 万立方米，其中：农业 61495.9 万立方米，工业 3736.55 万立方米，生活用水 12421.81 万立方米（其中，城市 7853.08 万立方米）。

全市水资源总量 41.77 亿立方米，人均水资源占有量 1768 立方米，占全省人均水平的 37.7%。

2. 矿产资源

玉溪市矿产资源较为丰富，种类之多，储量之大，勘探程度之高，在全省名列前茅。截至 2015 年，全市共发现各类矿产 48 种，其中能源矿产 1 种、金属矿产 14 种、非金属矿产 33 种。矿产资源的潜在经济价值达 4000 亿元以上。玉溪市优势及重要矿产为铁、铜、镍、磷、煤、水泥用灰岩。其中，富铁矿资源储量 7.2 亿吨，居云南首位；镍矿储量 53 万金属吨，为全国第二大镍矿；铜矿储量 300 万金属吨，是云南重要的产铜地区；磷矿石储量 15.4 亿吨，列全省第二位。

3. 土壤资源

玉溪市土壤有 6 个土纲、9 个亚纲、11 个土类，主要类型有赤红壤、红壤、黄棕壤、棕壤、暗棕壤、燥红土、紫色土、石灰（岩）土、新积土（冲积土）、沼泽土、水稻土。其中，赤红壤自然肥力较高，是玉溪市生产潜力最大的土壤资源；红壤分布区增长潜力大，是全市粮、油、烟的主产区；黄棕壤分布区雾霾多，湿度大，适宜发展茶叶等经济林木；暗棕壤分布区为森林，湿度大，林下苔藓密布，是重要的林业生产基地。

4. 动植物资源

截至 2015 年底，全市森林面积 103.72 万公顷，占全市土地面积的 69.2%。全市森林覆盖率为 57%，林木蓄积量 5000 万立方米。全市自然生态保护区 10 个、面积 8.02 万公顷，其中：国家级 2 个、面积 3.67 万公顷。全市有国家森林公园 2 个、面积 2.52 万公顷。

玉溪市境内生存的国家重点保护野生植物有 34 种、珍贵树种 14 种，列入云南省珍稀濒危保护植物的有 10 种。其中，国家Ⅰ级保护植物有 9 种，国家Ⅱ级重点保护植物有 25 种，列入云南省珍稀濒危保护植物的有 10 种、古树名木 44 株。

玉溪市境内生存的国家重点保护陆生野生动

物有72种。其中，国家Ⅰ级保护动物有19种，国家Ⅱ级保护动物有53种；省级重点保护野生动物5种；国家保护的有益或有重要经济、科学研究价值的陆生野生动物（简称“三有”野生动物）200余种。

5. **旅游资源**

截至2015年，全市国家级A级以上的景区19个，其中4A级4个、3A级2个、2A级13个。通海县为国家级历史文化名城，澄江古生物化石群被列入世界自然遗产名录。全市拥有星级酒店34家、国际品牌酒店2家；国际国内旅行社27家；全国工业旅游示范点1个：红塔集团；云南省级特色旅游小镇3个。

二、历史沿革

玉溪的地方史是中华文明史的重要篇章之一。考察这段上溯旧石器时代、下至当代的玉溪地方史，我们便会发现，在中华文明史中无数个重要的历史瞬间都与玉溪这块美丽富饶的土地相关。经过一次次的考古发掘、研究和对史志、文献的梳理，玉溪的那些原本模糊难辨或支离破碎的历史脉络逐渐清晰、完整起来，那些尘封了的故事也鲜活了起来。

（一）三湖文明的曙光

说起玉溪境内生活过的古人类，可以追溯到距今一两万年前峨山塔甸老龙洞遗址的“峨山人”，以及更早的距今100万年以前活动于江川甘棠箐旧石器遗址的古人类。这些古人类距离我们非常遥远，现代人对他们了解不多。不过，随着玉溪三湖（抚仙湖、星云湖、麓杞湖）地区考古工作的推进，这些古人类的神秘面纱也逐渐被揭开。2016 年 5 月，江川甘棠箐旧石器遗址入选“2015 年度全国十大考古新发现”，这支生活于星云湖和抚仙湖畔的古人类创造的文明让世人为之震惊。

这个闻名遐迩的旧石器遗址位于江川区路居镇上龙潭村西南约 1.5 千米处。1984 年文物普查时发现了中国犀、大唇犀、湖麂等动物化石标本。2014 年 10 月至 2015 年 2 月再次发掘，发掘的面积约 50 平方米，平均深度约 6 米。此次发掘相关部门将数字化考古的理念和方法运用于考古发掘，取得了突破性收获。遗址发掘出的地层堆积连续且清晰，动植物化石保存较好，种类丰富。出土动物化石初步鉴定有猫、猪、牛等，还有江川猕猴、玉溪剑齿象、原始麂、湖麂等上新世残存物种和大量小哺乳动物、鸟类、爬行类和无脊椎动物，动物组合与元谋动物群极为相似，其时代应为早更新世。遗址出土的植物种子初步鉴定有 25 科 31 属，其中包含葡萄、松子等可供人类食用的植物种类。

江川甘棠箐旧石器遗址是云南省继元谋人遗

址之后发现的又一个非常重要的旧石器早期旷野遗址。遗址的发现、发掘和研究，为东亚地区古人类本地起源的学说提供了新的佐证，再次证明了滇中高原是人类起源的关键区域。该遗址地层堆积为湖滨沼泽相沉积，地层堆积连续稳定，文化遗物丰富，构成了更新世早期人类一幅相对完整的生活画卷。遗址中动植物化石为研究古人类生存环境、狩猎、食物来源和种类等提供了宝贵的素材。

遗址中发现了 100 万年前古人类使用过的木制品，填补了我国旧石器时代木器研究的空白，是迄今为止世界上发现最早的木制品。遗址发现的用火遗迹，似篝火遗存，基本原样保存，考古工作者将它形象地描绘为云南最早的“火塘”。甘棠箐的这支古人类不仅懂得用火，而且还知道如何保存火种。之前世界上发现的掌握这项生存技能的是生活在 50 万年前的北京人。此外，遗址出土的石器面貌原始而独特，石制品加工以砸击法为主，且存在 2 种砸击技法，形成了独树一帜的砸击技术文化体系。

这些考古新发现，对研究古人类生存模式、

人类起源与演化、古环境等具有重要价值。

（二）古代滇文化的起源地

早在三皇五帝时代，颛顼高阳氏建立雍、豫、梁、冀、青、徐、兖、扬、荆，共九州，“九州”也成了中国的别称。那时我国的西南地区属于梁州，云南也在其范围内，夏、商两代沿用，直到周成王时，才改属雍州。商周时期，我国西南地区生活着一种古老的少数民族——百濮，玉溪就是古代百濮的领地。

玉溪境内的花腰傣生活在元江之滨，元江古称仆水，又称濮水，仆人即濮人，元江就是因为仆人在其流域内居住而得名的。因而花腰傣的祖先很有可能参与了商周时代的朝贡。

随着玉溪境内，特别是三湖地区考古工作的推进，玉溪先民在商周时期的生活面貌、文明程度逐渐清晰起来。海东贝丘遗址位于杞麓湖北岸的四街镇海东村。1988 年至 1989 年，省、市、县三级考古部门对该遗址进行了发掘，出土了许多宝贵的实物资料，其中包括了一大批文化特征明显，有别于云南其他地方的陶器，如鸡形壶、高领罐、单流杯、四流方口罐……特别是带流口的陶器仅见杞麓湖周边地区。考古界特意将这种文化称为“海东类型新石器文化”，属于新石器时代中晚期，距今5000—4000年。追寻这支古人类的足迹，2015年至2016年，考古队发现了通海杞麓湖东岸的兴义村贝丘遗址，至此，海东类型新石器文化的历史脉络及走向逐渐清晰可辨，兴义村贝丘遗址可细分为海东文化时期、盘口器文化时期、传统滇文化时期三个时期，它的早期在商代，晚期已经进入了西周。

兴义村贝丘遗址这支古人类部族至少在传统滇文化时期就已经懂得了以采集、捕鱼、狩猎等方式获取所需的食物。从出土的动物骨骼来看，他们已经开始食用猪肉，并且是养殖的猪；从出土的碳化的粮食来看，他们或许已经开始种植水稻；从出土的含铜量很高的孔雀石来看，他们已经初步掌握了铜矿的采集、冶炼以及铜器的铸造技术；从出土的刻槽钵的残件来看，古人用它擦碎植物的块根、块茎，以提取淀粉之用，临水而居，他们可以在湖水里找到如藕、荸荠之类的食物；他们懂得了如何建造有榫卯结构的半地穴式圆形房子……

这个时期，这支古人类已经开始使用青铜鱼钩。兴义贝丘遗址共出土了2枚，其中一枚还带有倒刺。他们开始用石范制作箭头，一次可以浇铸10个铜箭镞。从出土的地层来看，这件器物的年代被划分到了盘口器文化时期。专家由此断言，兴义村贝丘遗址将古滇青铜文明提前了上千年时间。玉溪市杞麓湖、星云湖周边的区域是古滇青铜文化的起源之地，在庄蹻入滇以前，这块土地上已经诞生了高度发达的青铜文明。

（三）古滇国的疆域

楚顷襄王时代，在公元前280年至276年之间，发生了一件对中国西南地区产生重大影响的事件——庄蹻入滇。楚国派出最能征战的大将庄蹻执行一次重要的军事任务：从长江上溯，转入贵州，然后仍然走水路，沿“沅水”且走且战，登陆占领夜郎国之后，仍然走水路，大约在今罗平县境内，进入古代的“温水”，即今天的南盘江，这条江，在秦汉时期，也被称作“牂牁江”。溯源南盘江。庄蹻和他的部队进入了云南腹地，这就是《史记·西南夷列传》中记载的“蹻至滇池，方三百里，旁平地，肥饶数千里，以兵威定属楚”的事件。

庄蹻将云南的大部及夜郎国纳入楚国的版图后，派人回国向楚王报告请功。无奈，秦国占领了黔中郡，断了他们的来路。庄蹻只得留在云南，入乡随俗，建国称王，从此就有了古滇国。从古代的历史文献来看，玉溪市境内的易门、红塔区、澄江、江川都位于古滇国统治的核心区。这是中原王朝与云南首次最直接的交往，尽管采取的方式是武力和战争，却对后世产生了深远的影响。

玉溪的“三湖”地区，曾是古滇国的统治中心。20 世纪 70 年代和 90 年代，玉溪市江川区李家山古滇国青铜墓地历经两次发掘后，考古专家发现，李家山墓地是古滇国时期除晋宁石寨山滇王墓地以外，规模最大、出土文物最丰富的古墓群，时间从战国后期一直延续到东汉初，与石寨山相始终。专家还发现，与石寨山的滇王墓相比，李家山古墓群繁荣时间早，衰落时间晚，其间并没有中断过。因此断言，滇王很可能最早在抚仙湖、星云湖一带建国，随后才向滇池周边发展。西汉统治延伸到云南，滇王势力衰落，又退回星云湖沿岸，直至最终消亡。

（四）晌町与通海

据通海县方志文献记载，庄蹻进入云南后，首先定居于杞麓湖畔，后来才逐渐向北发展。这与李家山的考古发现大致是吻合的。读《史记》《后汉书》可知，汉武帝派兵平夜郎后，设牂牁郡，降滇王后，设益州郡，这是中央政府在云南腹地设置郡县制、实施管辖的开始。有意思的是，玉溪市在西汉王朝版图上却分属益州、牂牁两个不同的郡，即易门县、澄江县、江川区、华宁县、红塔区大致属于益州郡，通海县、峨山县属于牂牁郡，新平、元江两县并没有纳入西汉的版图。其中澄江、江川属于益州郡俞元县管辖；《正德云南志》载华宁县属于益州郡；易门虽在益州郡范围内，却由乌蛮的酋长仲磨、由男统领；《天启滇志》载红塔区“汉为蜻蛉、弄栋二县地”，其中弄栋属于益州郡。通海属于牂牁郡晌町县，峨山是晌町县的属邑。

通海、峨山两县为何不属于益州郡呢？从历史上来看，在明清时期，这两县属于临安府，同属这一行政区的还有红河州的大部。《滇略》《滇志》等明代云南志书有着相似的记载，“临安府，古眗町国也。汉置眗町县，属牂牁郡”。《道光云南通志》直接指出“眗町故址在今通海县北”。《康熙通海县志·古迹》则说汉代眗町城的具体位置“在县城北，即通海御城”。从这些文献来看，在明清两代“临安府”这一地理范围内，曾经存在过一个名叫“眗町”的古国。

眗町国的记载，最早见于《汉书·西南夷传》，说的是在汉昭帝始元年间（前86—前80年），云南的“姑缯”“叶榆”等部族起义，汉王朝多次派兵镇压，最后在眗町侯毋波的协助下打败起义军，毋波因功封为“眗町王”。毋波与古滇国是什么关系，古代的正史上都很少有记载，也少有人提及。不过，在通海的秀山公园，却隐藏着一个秘密：秀山北麓，有一座眗町王庙，通海人称土主庙，庙中供奉三位王像，即滇王庄蹻、眗町王毋波、大理国王段思平。庙门

眗町王庙内供奉的毋波像与庄蹻像

有一块“晌町王庙”的匾，匾的左侧有几行小字，为清乾隆年间通海县令江宏道所题，说的是“王即秀山土主神也，神名庄蹻，神之孙曰毋波……”即毋波和庄蹻是祖孙关系，能证明这层关系的还有清康熙年间云南总督巴锡为王庙题写的对联：“祖启土，孙开疆，忠义一门，无愧河山正气；入鸣钟，出列鼎，王侯累代，居然边塞功臣。”其中的“祖”即庄蹻，“孙”即毋波。毋波在帮汉王朝平叛前，称“晌町侯”，他的封地为侯国，这与《华阳国志·南中志》所说的庄蹻入滇后“分侯支党”是相呼应的，晌町国很可能就是古滇国的属国。

在《雍正临安府志》记载中，楚顷襄王派遣将军庄蹻远征云南，当他胜利到达滇中地区后，来路被秦国阻断了。庄蹻“遂留王滇，立晌町国”。这段记载，对两个古国关系的描述就更加直接明了，对晌町王庙匾联上所载内容也是一种强有力的呼应。

（五）爨氏崛起

从昆明、玉溪两地的考古研究来看，古滇文明的衰落应在东汉初期，也有人认为，在滇王“举国降”的时候，滇国就亡国了。其实，滇王向汉王朝请降，国家、王号依然存在，只是在云南从此多了一项新的统治手段——郡县制，玉溪境内的俞元县、畇町县等，正是汉武帝在云南推行郡县制的结果。它与中原地区的郡县制有很大的不同，更像元明时期的土官、流官共治，汉王朝在郡县设有长官，并依赖部族首领的威望、权力实现统治，司马迁在《史记》中称之为“羁縻”制。

古滇国的最终消亡，与郡县制设立有些关联，但郡县制的发展在中原王朝出现分裂、对峙的东晋、南北朝时期也曾出现摇摆、倒退。一个重要的原因在于，这一时期，一股强大的部族势力——爨氏部族开始在滇中地区崛起，经东汉、蜀汉、晋几代人的经营蓄积，爨氏以爨龙颜、爨宝子等为代表的部族统治终于在东晋进入兴盛时期，南北朝时期进入全盛。《道光澄江府志·沿革》记载：今天的澄江、江川、红塔区等地，“梁为南宁州郡地，为爨瓒据”。不仅滇中，当时南中（云南大部分地区，川黔一部分地区）地区也都在爨氏统治之下，西汉起设立的郡县制，在南朝梁时，已经名存实亡。梁代以后，俞元、畇町两县的名字就不再被史书记载，因为在中央政府看来，这些地区都已经“没于蛮”。以此解释“俞元”的消逝，可能更让人信服。同时，古滇部族的领地，经历几个世纪的纷争，诞生了新的王者，玉溪大部分地区都在其统治范围之内。

当时的玉溪，在三国蜀汉统治阶段，原属于益州郡的地区改属建宁郡，如澄江等地；属于牂牁郡的地区改属兴古郡，如通海、峨山。晋代以后，虽设有宁州、南宁州等刺史、州郡，玉溪的大部却已沦为以爨氏为首的地方豪强的领地。

（六）通海城路

爨氏南中霸主的地位在隋文帝时代终结，并分裂为东爨和西爨，云南又回到了中央政府的掌控之中。不过，“两爨”依旧有很强的实力。到了唐代初年，玉溪境内州县继续延用西汉以来的羁縻制。《道光澄江府志》上说唐朝在滇中地区“部落别置州郡，以其首领为都督刺史，皆得世袭，号羁縻”。红塔区境内有求州，易门境内有钩州（之前属南龙州），澄江属于牂州，华宁县先设有西宁州（后又改黎州），河西县（今分属峨山、通海两县）属西宗州，其他县区或记载不明，或为部族占据。

这一时期的云南并不宁静，南诏在唐朝的支持下，统一了六诏，在滇西以洱海为中心的地区建立了大蒙政权，南诏之主皮罗阁被唐玄宗封为云南王。六诏合而为一，唐朝一方面扶持南诏对抗吐蕃，一方面又准备打通步头路，加强对云南、安南的统治。这条贯穿滇东、滇中、滇南的交通线，早在西汉或更早的时期就已经存在，史书上又称“通海城路”，“通海”从此得名，有“通达海上、通江达海”之意。它南起安南都护府（今越南河内），溯红河而上，至贾涌步（今云南河口），上陆路，经通海，北上过安宁，到达戎州都督府（今四川宜宾）；或西行，可到达大理；通海成了这条交通线上重要的中转站。打通步头路的前期工作是筑安宁城，筑城加重了当地的赋税劳役，引起了东爨民众与贵族的不满，爨氏贵族率先发难，一举攻破安宁城，杀死筑城使者和守城官员。在这次冲突中，求州地区的爨守懿也带兵参战，“爨守懿”可能是红塔区历史上最早被史籍记录的居民姓名。反抗招致镇压，云南都督兼侍御史李宓以这次事件为借口，调派南诏军队，讨伐爨氏叛军，东爨从此式微，南诏的势力却得以扩展到滇东地区，一年年做大。步头路打通了，却没有给唐王朝带来福音，大约在天宝九年（750 年），南诏攻击云南境内的唐军,唐军反击,引发“天宝战争”，唐军惨败，李宓投洱海而死。

之后，南诏与唐朝有战有和，政权根基越来越稳固，很快就在云南设置“十睑”“二都督”“六节度”。其中的“通海都督”就设在玉溪通海。今天的元江县大部分属于银生节度使。另外，又在澄江、江川等地设河阳郡，在今红塔区设温富州，州隶属于郡。南诏分封了所谓的“五岳四渎”，据新修《元江县志》记载，“五岳”中的南岳，位于现今元江县境内大水平村西南 9 千米，称为蒙乐山。

南诏在重要的城镇设都督，除会川、通海两都督外，有记载的如柳追和都督、摩零都督，但都只是据点，而非区划，所以名气不大。“通海都督”，后人对它陌生，主要是不知道它的管辖范围。现在可知，通海都督的北面与设在滇中地区的拓东节度使相接，南面与越南境内的安南都护相连，西面远至元江流域的哈尼族居住区，东面到了广西的左、右江流域，管辖面积非常广大，其“滇南重镇”的地位不言而喻。

（七）通海郡与秀山郡

南诏连年对唐朝边境用兵，劳民伤财，国力消耗，其统治也受到影响，政权更迭在所难免。南诏灭亡后，云南又先后出现了大长和、大天兴、大义宁等短暂存在的政权，这是一个弑杀与篡权并起的乱世。此时，通海节度使段思平走上历史的舞台，试图改变云南政局。

段思平起家的地方在通海，其势力发展壮大也在通海。段思平的六世祖段金魏，曾经辅佐阁罗凤在天宝战争中大败唐军，任南诏清平官（相当于唐朝的宰相）。段思平担任大义宁国通海节度使时韬光养晦，隐忍不发，却受国主杨干贞的猜忌、追捕。后晋天福年元年（936 年），他被迫聚兵起义，讨伐杨干贞。起事前，他来到通海秀山之麓的秀山神祠祷告、问卦，得吉兆，决定出兵，最后在东爨三十七部乌蛮的帮助下，推翻大义宁国，建立大理国。公元 960 年，北宋建立，有武将提出要平定云南，但宋太祖不同意。《南诏野史》记载：“太祖鉴唐之祸，以玉斧画大渡河为界。曰：‘非吾有也。’”这就是《大观楼长联》中所说的“宋挥玉斧”。此后150年，宋与大理和平相处，云南再无边患。

大理国建国后，段思平将秀山之神封为“英列侯”，将南诏时设置的通海郡改为秀山郡，并在秀山上兴建眴町王庙、启祥宫、慈云寺等诸多庙宇，铸铜像100余尊。他任通海节度使时，就在今通海县开荒垦田、兴修水利，在杨广镇的水城村与普塘营村修建坝塘，引东华山泉水灌溉粮田。而以杨广面而闻名省内外的杨广镇得名，也与大理国有很深的渊源。据清末状元袁嘉谷在《滇绎》中考证，在北宋至和年间（1054—1056年），广西境内的壮族农民起义军首领侬智高兵败逃入大理，宋朝名将狄青派杨文广带兵追击起义军，路经广南、石屏、通海等地，中途驻军的地方，都以“杨文广”的名字命名，时间长了便被误传为“杨广”。因此在云南古代，就留下了很多以“杨广”命名的村镇。后来，大理国统治者将侬智高抓获、杀死，函首送给宋军。从这一事件可以看出，大理国与宋朝之间的臣属关系。侬智高部下的侬人的一支（壮族的一个古老支系）落籍元江，直到明清时期还被史志记录。

段思平心存感激的还有三十七部蛮，他对这些部落的贵族给予封赏，对其民众给予免除徭役的待遇，大理政权也因此得到这些部族长期拥护。三十七部蛮的名称，现在还有幸能查到，据明代诸葛元声的《滇史》记载，三十七部蛮在玉溪境内的有：因远部，在元江；休腊部，位于原河西县，今大部属通海；嶍峨部，在峨山；强宗部，在澄江县；休制部，又称休纳，即普札笼城，在今红塔区；步雄部，又称罗伽部，在江川区。这六部都是段氏大理政权最有力的支持者。

（八）阿僰蛮的领地

大理国时代，玉溪各个地区均被部族首领统治。大理国的贵族高福世及子孙将易门划入自己的势力范围；在华宁，唐代天宝战争之后，就被浪广蛮占领，这支部族史称宁部。红塔区、澄江、江川等地唐代起均由么些蛮控制。在元江，南诏国曾先后派白蛮的苏、张、周、段等十个大姓旺族戍守。南诏至大理国时期，通海设有通海都督、通海郡、秀山郡等多个行政机构，不过实际的强权势力是通海本地的一支部族“阿僰蛮”。明代的《云南图经志书》有记载："段氏为秀山郡，一名阿僰部"。不过，阿僰蛮从唐代开始就开始了势力扩张，今天的峨山、新平、元江、河西以及红河州的建水、蒙自、石屏先后成了阿僰蛮的领地。

阿僰蛮与段思平的舅舅爨判有关联，大理国建国后，两者的势力范围是重叠的。这里说的爨判大约生活在大理建国前后，他的事迹在正史鲜有记录，云南的地方史志中可以找到一些零星的文字。明代倪辂所辑的《南诏野史》记载：大理国开国皇帝段思平为了躲避杨干贞的追杀，"卜于秀山神祠，就其舅爨判自匿……"明代诸葛元声的《滇史》记载："判，思平外舅也，居巴甸。"巴甸就是今天的建水。《元史·地理志》上说：建水"古称步头，亦云巴甸"。

在建水，有一座山，是以爨判的名字命名的，叫"判山"。《景泰云南图经志书·临安府》记载："判山，在府南二十里判山乡，约高千丈，连峰叠嶂，中有三峰秀山，宛如笔架，亦胜概也。"这座山还有一个别名叫"判丈山"。明代著名文学家杨慎在《云南山川志》中记载："判丈山，在临安城南二十里。高千余仞。中有三峰，削出如笔架。昔大理段思平外舅爨判居其上。因名，有祠在焉。”

将爨判与通海联系在一起的是一处泉眼。《滇志·地理志》：通海“南六十里曰判府泉，曰秀山泉，俱在秀山下”。“六十里”疑有误。清代刘慰三的《滇南志略》进一步考证说：“秀山，一名螺峰，在县南一里，黄龙居左，白马居右，俯瞰城郭，宋开禧元年，段氏建启梓宫，山半有判府泉，因爨判而名；其泉味甘而清，饮之令肥白。”《读史方舆纪要》《新纂云南通志·地理考》也有相同的记载。

爨判是否到过通海，在这云南地方史志中找不到记载。《滇史》上说，段思平在建立大理国后，“封舅爨判为巴甸侯。判僻嗜山水，巴甸多佳山……判爱其山，不欲徙封，后人因名判丈山”。这段记载并没有指出段思平欲将爨判“徙封”于何地。不过在建水民间流传一个故事，说段思平在通海为爨判建造了府第，因为这里曾经是他大理国的发祥地，不过被爨判拒绝了。这与明代史志的记载相吻合，可知段思平所建的府第就在秀山上，很有可能就是秀山普光寺的前身。

爨判虽不愿徙居通海，却接受了段思平给予的封地。《滇史》上说，“自判山迤逦至东南，有目则山，又东为羡袁山，皆南诏时以赵姓守其地，至是皆为判有。至澄江、河阳，么些蛮所居，判皆夺据之。”这块领地包括了明清两代临安府、澄江府、元江府的大部，即今天南至蒙自、个旧一带，北至澄江的大块版图。当然通海也包括在内。《天启滇志》记载“河阳县（今澄江），唐么些蛮所居之地，后为判蛮夺而有之”，与《滇史》记载相呼应。

（九）行省制度扎根玉溪

大理国从段思平建国到段兴智亡国，共传位22代，历经约350年，几乎与宋朝相始终。灭大理国的正是革囊渡江的元军，统兵的是元世祖忽必烈。元朝建立后，仿效前朝推行郡县制，设立云南诸路行中书省及肃政廉访司，治所在今昆明市，从此便有了“云南省”的说法。据明代天启年间（1621—1627年）的《滇志》记载：全省共设三十七路，在玉溪市境内的有临安路、元江路、澄江路，其中又在今通海县河西镇曲陀关村地界设置临安、广西、元江等宣慰司兼管军民万户府，后又升格为“宣慰司都元帅府”，管辖滇南地区。新兴州之名最早见于元代，元初红塔区先是设立部傍、普舍两个千户所，至元年间（1264—1294年）部傍千户改为休纳县，后又在休纳县设立新兴州，属澄江路，下辖休纳、普舍、研和三县，后休纳县被裁除。

元江路管辖萝槃、马龙、步日等部，多为少数民族部落。元朝至元十一年（1274年），赛典赤·赡思丁任云南行省平章政事。第二年，元江路萝槃部反叛，赛典赤亲自带兵出征。据民国《元江志稿》记载，出征路上，赛典赤忧虑重重，部下不解。他说，他担心的是此次出征，将有多少平民被士兵劫掳，将有多少无辜百姓受难，萝槃那个地方将民不聊生，但是爆发叛乱，又不能不征伐，所以为此而忧心。赛典赤到了萝槃城下，并不急于用兵，而是派特使进城对萝槃部首领说形势、讲道理，但萝槃部并没有出城投降，这让元兵大为恼火。一位将军贸然进兵，马上被制止，赛典赤对他说：“天子命我安抚云南，未尝命以杀戮也。”于是要以军法从事，众将求情，这位将军才得以免死。萝槃首领听说这件事后很感动，于是出城请降。赛典赤宽厚仁慈的形象，让人联想到三国时代“七擒孟获”的诸葛亮。

四年后，赛典赤死于云南任上，他的子孙多在云南做官，都能施行仁政。据新修《通海县志》四代孙纳数鲁曾出任临安、广西、元江宣慰司都元帅，其后人落籍今天的通海县纳古镇。

（十）屯田制度与江南移民

元亡明兴，元朝在云南的行省制度被废除，除而代之的是云南布政使司，玉溪境内的各县区分属云南府、临安府、元江军民府、澄江府。洪武十九年（1386年），云南境内的反叛势力被肃清之后，镇守云南的总兵官沐英获准在云南推行屯田制度，这项制度在云南的首倡者、推行者，并非沐英，而是赛典赤·赡思丁，只是沐英推行成果对后世影响最为深远。当时的屯田主要分为卫所军屯、民屯、商屯等3种：军屯，就是指军队就地垦荒，发展农业生产，自给自足，减轻国家、人民的负担，同时能更好地守卫边疆，当时明朝在云南的军队共设置17卫，100多个千户所，大多都加入了农业生产；民屯，它是军屯的一种补充，这里的“民”来自江南、湖广等地区，这是云南历史上第一次大规模的移民潮；商屯，吸引盐商种粮换盐，换取的食盐可以自由贩卖。屯田制度的推行，使得全省的人口增加，农业、手工业进入了一个全新的发展时期。

玉溪目前的7县2区，除元江、新平、峨山外，几乎都是军屯的重点地区。在通海境内，军屯的土地共有25处，分为48屯，由通海守御指挥负责管理经营。今红塔区境内，元代设置的普舍、研和2县被废除，并入新兴州。州内的大部分土地都在屯田的范围内，共分为左、前、广、中、右5卫分别屯戍，今澄江县则设置4卫，江川设置5卫，目的都是为了促进屯田制度的推行、经济的发展。

大量移民进入玉溪地区，带来大量的劳动力、先进技术的同时，也把江南地区的民俗、文化带进来。据明代的《景泰云南图经志》记载当时新兴州：“其俗好讴，州中夷汉杂处。其少年，美声气，喜讴歌，清朝良夜，放意自适，处处相闻。或以娱饮，或以劝耕。妇人女子为之，而面见无愧色。盖俗之流也。”书中描述的当地居民所唱的歌曲，据专家考证，就是从江南和中原传入的明代小曲或民间歌谣，成了后来花灯音乐的渊源之一。也就是说，在这一时期，玉溪花灯已经萌芽。这门艺术在之后的迎土主、闹元宵、贺灯等民俗活动中得到了延续、发展，并最终在人民群众的生活中得以完善，传承至今。

（十一）明末清初的玉溪土司

华宁宁州土司的历史可以追溯到大理国时代，到禄洪任宁州土知州，大明王朝已经日薄西山、江河日下了。崇祯二年（1629 年），皇太极避开袁崇焕的防守，绕道占领遵化，危及明朝京师。崇祯急忙诏令天下的守将和军队进军勤王。禄洪接到云南巡抚王伉的勤王檄文后，曾动容地说“君父有警，臣子安能束手坐观？赴汤蹈火，亦所不辞”。这句豪言壮语足以让后人对云南土司刮目相看。随后，他带领三千精锐部队，于 1630 年 3 月从云南出发，6 月到达京都北平，行程上万里。禄洪的军队到达时，皇太极的人马已经撤退。不过，崇祯皇帝还是下旨慰劳了他，任命他为参将，并让他驻守密云的墙子岭口，直至后来阿迷州的土司普名声围攻他的老家宁州甸尾土司城，他才撤回云南。

宁州土司的鼎盛与衰败其实与巨大的历史背景有关，与明王朝的羁縻政策有关，因而他要维护明王朝在云南的统治。清顺治二年（1645 年），阿迷土司沙定洲反动叛乱，攻占昆明，试图称霸云南。宁州土司禄永命拼死救出黔国公、云南总兵官沐天波，因此与沙定洲结下仇怨。第二年，沙定洲围攻宁州的甸尾城，宣统《宁州土官考》记载了当时的战况："百日绝粮，城中房舍，乡村居民，为定洲焚虏皆尽。永命卒。"

明亡清兴，云南土司的特权失去了荫蔽，所以要群起反抗。1665 年，为了反抗吴三桂在云南的残暴统治，宁州土司禄昌贤联合新兴、嶍峨、蒙自、石屏、路南（今石林）等地土司抗清，最终因寡不敌众被镇压。在这次斗争中，元江土司那氏家族与宁州土司有着非常相似的经历和命运。

那氏在元江任世袭地方官，最早始于元代。明初，那直向明军投诚，被授予元江府土知府，可世袭。明朝灭亡，那氏继续效忠南明王朝。据《明史·忠烈传》记载，南明永历皇帝一路败逃，向滇西、缅甸方向躲藏，路经元江，明代元江府第十六代土知府那嵩与其子那焘接驾、护驾，恭敬有加。元江坝子天气炎热，那嵩在元江天宝山一处寺院里为永历帝找了一个清凉的住处。永历帝走时，封那嵩为云南总督，那焘为元江土知府，其余家人都有封赠。

1659年，那嵩联合石屏总兵官许名臣抗清，城破兵败，全家自焚而死。许名臣与清兵血战，终寡不敌众，兵败口含莲秆呼吸，藏在莲池内，被吴三桂的军士发现，杀于池中。许名臣抗清殉难的莲池位于元江县城中心，现在还能看到。

随着清朝初年土司势力抗清失败，云南土司制度开始走向没落。清政府在云南清除了土司强权势力后，开始委派流官治理一些边远地区，宁州的禄氏、新兴州的王氏、元江的那氏等都退出了历史舞台，这就是历史上著名的“改土归流”。

清代，红塔区、澄江县、江川属于澄江府，红塔区仍沿用旧制称新兴州，澄江县称河阳县；通海、华宁、峨山属于临安府；易门属于云南府；新平、元江先属于元江军民府，后改属元江直隶州。

（十二）护国奇功

鸦片战争结束之后，西方殖民者纷纷入侵。

1910年3月31日，滇越铁路正式开通，云南部分南起河口,北至昆明,途经玉溪市华宁县盘溪镇。这条由法国人设计、建造的铁路对中国、云南都是一条屈辱之路，是法国帝国主义插入云南心脏的一条吸血管，云南被划入法国人的势力范围之内。云南民众中，但凡有志之士都对清政府内部的腐败无能、西方列强的肆意侵略感到无比愤慨，对国家的前途命运感到忧心忡忡。当时，最先站出来寻求救国救民之道的是一群年轻的学子。他们选择放弃科举，转向海外学习先进的科学和思想，而为这批学子实现夙愿的恰是晚清政府。20世纪初，清政府为了维护其统治，缓和人民与统治者之间的矛盾，推行新政，废除科举，选派留学生。玉溪的青年知识分子正是在这种背景下赴日留学。

1905年8月，孙中山领导的同盟会在日本东京成立，各省设立支部，云南籍的留日学生大多加入了同盟会。同盟会员吕志伊、罗佩金、李根源、赵伸等人组建了云南支部，并与在东京的云南志士一起创办了《云南》杂志。这本杂志共记录了25个云南学子的名字，其中玉溪人有6个，即“通海县人，郑开文；河阳县（今澄江县）人，罗培（佩）金；新兴州人谢汝翼、李鸿祥、冯家骢；易门县人刘法坤。”1909 年，罗佩金等人学成归国，正值云南编练新军，由于人手不足，云贵总督李经羲电请清政府调派留日军校学生到昆明，任新军骨干。这样一来，罗佩金、李鸿祥、谢汝翼、郑开文、刘法坤等大批玉溪籍的同盟会成员顺理成章地出任云南陆军讲武学堂的教官和负责人，部分玉溪人还在新军中谋求到重要职位，为革命做好了充分准备。

1911 年 10 月 10 日，湖北武昌起义爆发，举国震动。17 天后，滇西就爆发了云南辛亥革命的首义——腾越起义，并获得了胜利。历史学家认为，腾越起义的胜利与杨振鸿、杜韩甫（峨山县人）等老同盟会前期开展的大量准备工作是分不开的。

1911 年 10 月 30 日，旨在推翻清政府在云南统治的重九起义在昆明爆发。罗佩金、李鸿祥、谢汝翼、金汉鼎、鲁子材、唐淮源、范石生等有代表性的玉溪人都参与了起义当晚的战斗。在起义意图暴露的情况下，李鸿祥当机立断，打响重九起义第一枪。

中华民国建立后，云南的行政区域与明清相比，发生了重大的调整。1913 年，云南省根据中央政府规定，废除了府、厅、州制，设滇中道、蒙自道、普洱道、腾越道。现在玉溪境内的红塔区、江川区、澄江县、易门县属于滇中道，华宁县、通海县、峨山县属于蒙自道，元江县、新平县属于普洱道。这一时期，部分县名也发生了变化。1912 年，新兴州更名为新兴县，1914 年为休纳县，1917 年改为玉溪县；澄江府被裁，河阳县更名澄江县；华宁在民国初年称宁县，因与他省属县同名，后更名黎县，其他县区多沿用旧名。

（十三）抗日儿女

1937 年 7 月 7 日抗战爆发，云南成了大后方，玉溪地区虽然远离了战火，却能与全国人民同呼吸共命运。投入到抗日救亡运动中的玉溪人中有劳苦大众，有知识分子，有民间艺人，有文有武，文化界的代表就要数聂耳和王旦东。

早在“九一八”事变前后，聂耳就加入到了反抗日本入侵的革命队伍中。据他的好友王人艺、郑易里的回忆，他在上海工作时，经常参加抗日游行，有一次还借了一台相机，跑到黄浦江边的杨树浦，偷偷拍摄日军的飞机、军舰，搜集有用的情报。可惜被日本军官发现，胶卷被取出来了曝光，这让他好多天都闷闷不乐。聂耳所作的《义勇军进行曲》在成为国歌以前，曾是一首抗战歌曲，以英勇抗日著称的国民革命军200师把它当作军歌；滇军60军的将士正是唱着家乡人所作的战歌，走上战场，血战台儿庄；当时的陕甘宁边区、晋察冀根据地也都在传唱着这首雄壮的歌曲。

抗战爆发后，易门籍的戏剧艺术家王旦东与红塔区籍的花灯艺人熊介臣、赵兴汉、丁本礼等人合作，组成农民救亡灯剧团，编排了《张小二从军》《茶山杀敌》《新十二花》《新十二将》等一大批抗战题材的花灯剧，先后到昆明、宜良、晋宁、通海、澄江、建水、蒙自、个旧、开远等地演出，为云南戏剧史书写了光辉的一页。

抗战爆发，无数来自滇中的英雄儿女随抗日队伍奔赴战场，江川人唐淮源就是其中最优秀的代表。1938年夏，升任第三军军长的唐淮源，奉命转入山西中条山作战，他多次带领第三军将士击溃强敌，终因伤亡惨重，弹尽粮绝，毅然杀身成仁，书写了抗战史上最悲壮的一页。

（十四）党在滇中领导的革命斗争

1926年11月，中国共产党云南第一个地方组织——中共云南特别支部建立，标志着云南各族人民的革命斗争从此进入了一个崭新的时代。云南党组织成立后不久，就陆续派出一批共产党人进入滇中地区开展革命活动。从此，滇中各族人民在中国共产党的领导下，迈上了崭新的革命征程。

1927年，中国共产党开始进入滇中地区进行革命活动。同年12月，中共云南临时省委派党员黄洛峰、李裴如到易门县高等小学堂教书，开展革命工作。1928年春，中共易门县党支部建立，这是滇中地区第一个党支部，由黄洛峰任支书，李裴如任副支书，支部内设学运组、农运组、兵运组，分头发动群众，先后发展党员20余人。滇中各族人民如同在茫茫黑夜中寻找指路明灯一样，找到了共产党，革命运动在呈贡、昆阳、晋宁、澄江、易门、江川、玉溪等县区蓬勃兴起。

1930年下半年，中共云南省委遭到严重破坏以后，滇中地区党的活动中断。1935年中共云南临时工委建立，恢复了党的组织。1936年起至抗日战争时期，党在滇中地区的革命活动逐步恢复并发展到距昆明较远的县，解放战争时期发展到全地区。在长期的战斗历程中，党发展了组织，建立了党领导的人民游击武装和反蒋统一战线，并紧紧地依靠各族人民群众，克服各种艰难困苦，不顾流血牺牲，向反动统治阶级进行顽强而激烈的斗争，终于在全国革命的胜利形势下，于1948年11月举行武装起义，建立了游击根据地，并逐步扩大，形成农村包围城镇的局面。全国的解放战争已经接近尾声，全国人民即将看到胜利的曙光。

1949年4月下旬，为适应滇中地区迅猛发展的革命斗争形势需要，省工委决定建立滇中地委。4月下旬，温宗姜召集杨履然、杨一堂在玉溪广文学校召开会议，宣布了省工委关于成立滇中地委的决定和任命名单。温宗姜为地委书记，杨履然为组织部长，杨一堂为宣传部长。中共滇中地区委员会正式成立。同年6月，滇中游击支队建立，8月，正式编为解放军滇黔桂边纵队独立第一团。团长董治安，峨山县人，曾任峨山中学校长。这支党领导的革命队伍，思想、组织纯洁，纪律严明，完成了一系列党交给的历史使命。滇中的广大地区不仅有秘密党组织、游击区，还有革命武装、革命政权和群众组织，为迎接云南的解放、新政权的诞生做出了重要贡献。

1949年8月至1950年1月，随着革命斗争的胜利发展，中国共产党党领导的人民武装先后解放了峨山、新平、易门、河西、通海、玉溪、华宁、呈贡、昆阳、晋宁、江川、澄江12个县。为适应斗争的需要，滇中地委领导机关，早于1949年12月17日即由新平迁到玉溪州城。地委迁到玉溪后，继续进行地、县两级的政权建设。

1950年1月，滇中地委和滇中区人民行政专员公署按边区党委的指示，一面阻击溃逃蒋军，一面准备迎接解放军野战部队与南下干部入滇工作。1950年3月6日，西南服务团云南支队分到滇中工作的第一大队、第六大队一部到达玉溪，与滇中地区的区、营以上干部举行团结胜利会师大会。大会连续进行6天，至11日结束。3月会师后，滇中地区改称玉溪地区，辖12个县，滇中地委做了调整，改称玉溪地委。从此，揭开了滇中地区历史的新篇章。

（十五）撤地设市

新中国成立后，1950 年 1 月 1 日玉溪成立滇中专员公署，3 月 6 日中共滇中地委改称“中国共产党玉溪地方委员会”，岳肖峡任地委书记，孙振华任行政专员公署代理专员（4 月改任专员）。同年 3 月下旬，玉溪境内的江川、华宁、通海、峨山、元江、易门等相继有土匪、地霸组织暴乱，经过半年多艰苦的斗争，大股的土匪和反动势力基本被肃清，李润之、李崇安、金绍云等匪首被处决，清匪反霸斗争取得阶段性胜利。

1951 年 5 月峨山彝族自治区成立。1956 年 1 月，改称峨山彝族自治县。

1958 年 10 月，省人民政府决定，将上海华美烟厂调往云南的卷烟设备拨给玉溪。玉溪专署决定把 1957 年 11 月建成的玉溪复烤厂扩建为玉溪卷烟厂，当年试制卷烟 407 箱，开玉溪地区生产机制卷烟之先河。之后，又进行扩建，至 1959 年 5 月 4 日完工，当年生产卷烟 5.4 万箱。同年 10 月，兴修玉溪县东风水库，上阵万人，1960 年 10 月完工。1978 年续修，该水库为云南省八大中型水库之一。

1970 年 1 月 5 日，通海、峨山等地发生 7.8 级大地震。

1979 年 12 月，国务院批准成立新平彝族傣族自治县和元江哈尼族彝族傣族自治县。

1986 年 6 月 25 日，中共中央总书记胡耀邦到玉溪视察。同年澄江县境内帽天山西坡地发现古代无脊椎动物化石群，被中国科学院南京古生物研究所命名为“澄江化石”。

1994 年昆玉铁路建成通车，全长 56.3 千米。

1997 年 12 月 13 日，国务院批准玉溪撤地设市；1998 年 6 月 28 日，地级玉溪市成立，全市经济、社会发展开始步入日新月异的快车道。

三、史海钩沉

（一）李恢治理南中

三国时期，是中国历史上一个群雄并起、英雄辈出的年代。在如群星般闪耀的三国人物中，有一个人来自抚仙湖畔，他也是载入史册的第一个玉溪人，在《三国志》中有他的传记，在小说《三国演义》中活跃着他的身影，他就是蜀汉军政双全的重臣——李恢。

李恢（？——231年），字德昂，东汉建宁郡俞元县（今澄江县）人。在三国时，今天中国的云南、贵州、四川西南部和缅甸北部统称“南中”，自秦、汉以来，有一些汉族官吏、商人和移民来到这一地区定居，并形成了雄踞一方的豪族大姓——“南中大姓”，李恢的家族就是南中大姓之一。李恢曾经担任过益州郡督邮，由于他的姑父——建伶（今昆阳）县令爨习做了当时法令不容的事，李恢受到牵连被免官。郡太守董和考虑到爨习是当地的豪强大姓，于是平息了此事，后来又以贡举的名义，把李恢推荐给益州牧刘璋。

在去成都的途中，李恢听到了刘备已自葭萌（今四川昭化县）出发进攻成都的消息。李恢认为刘璋必败，刘备必胜，于是他绕过成都直接北上，以“益州郡使者”的名义在绵竹见到了刘备，并得到了刘备的赏识。这时，西凉名将马超，因兵败被迫到汉中投靠张鲁。受刘备的委派，李恢到了汉中，说服马超归顺刘备。从此，李恢成了蜀汉政治舞台上的知名人物，并深受刘备的信任。刘备击败刘璋夺取成都后，李恢被任命为功曹书佐、主簿（职掌记官员功过的官）。一次，有逃亡的罪人诬陷李恢参与谋反，执法部门将李恢抓了起来。刘备认为李恢不会谋反，将他释放并升了他的官，让他担任别驾从事，成为刺史的左右手。

221 年，管领南中五郡的庲降都督邓方逝世。对蜀汉政权来说，南中相当于它的后院，是兵员物资供应地之一。在蜀汉诸郡的几个都督中，蜀汉政权一直高度重视庲降都督一职，均挑选稳重谨慎的人担任。刘备有意任用李恢，但他却故意先问李恢什么人可以继任。李恢巧妙地引用了赵充国自荐出征的故事，他回答说：“人的才能各有长短，所以孔子说使用人要根据他们的才干。况且既然有英明的君主在上，作为臣下就会尽力，所以当年在征讨先零羌时，汉宣帝打算起用老将赵充国，派人去问赵充国谁可以为将，赵充国说：‘没有谁比得上老臣我。’臣私下自不量力，全靠陛下明察。”这个回答既引征得体，也表明了他器量宏大，勇挑重担。于是，刘备任命李恢为庲降都督，兼任交州刺史，驻平夷县(今贵州毕节)。李恢成为蜀汉独当一面的大员。刘备攻吴失败后，在永安病逝，南中诸郡先后发生叛乱。经过2年多的准备，225年，诸葛亮亲自挂帅南征以武力平定南中。南征共有三路大军，李恢率中路军沿小路从平夷县到益州郡，攻击雍闿的后方。孤军深入的中路军在进军途中，被建宁郡各个县纠集联合起来的叛军围困在昆明地区(现滇东北一带)。当时，叛军的数量超过李恢军的一倍，李恢和叛军攀老乡，麻痹对方说：“官军粮食用尽，正考虑退军。我背井离乡十多年，现在总算回故乡来了，不能返回北方，就打算与你们同谋大事，所以把实情告诉你们！”叛军信以为真，围困变得懈怠松弛。李恢乘敌不备，突然出兵攻击，把叛军打得大败，并一直追击，向南到达了盘江，东边与牂牁连接，与诸葛亮所部的声势相连。

南方平定，李恢因军功居多，被封为“汉兴亭侯”，加封“安汉将军”。诸葛亮把南中四郡改为七郡，其中益州郡改名为建宁郡，李恢被任命为太守，领交州刺史，郡治从滇池（今晋宁）移到味县（今曲靖）。诸葛亮南征大军回去后，南中又发生了叛乱，镇守南中的李恢东征西讨，扑灭了叛乱，并将各地豪强迁往成都，以便控制；迁移数千永昌濮民到建宁、云南两郡之间，以发展生产，并大量征收耕牛、战马、金银、犀革，作为赋税，补充到军需物资中。李恢在南中的作为，为蜀汉提供了一个相对稳定的后方，支持了诸葛亮北伐中原的战争。

229年，李恢交州刺史的职务被解除，后迁到汉中居住。231年，李恢去世，他的儿子李遗继承了他的爵位。在澄江县城西的五里山，曾有李恢墓。

（二）王元翰直言敢谏

言官是古代中国的一种官职，主要负责监督与上谏。到了明朝，言官制度发展到高峰。明朝的言官主要有都察院御使和六科给事中，大部分品秩不高，但政治地位却极为突出，监察和言事范围很广，从皇帝到文武百官，从国家大事到社会生活，都在言官的监察和言事范围。万历年间骂过皇帝的言官是历代最多的，王元翰就是其中之一。

王元翰（1565—1633年），字伯举，号聚洲，宁州人（即今华宁县）。1601年考中进士，选入庶常馆充庶吉士，1606年改吏科给事中，后升工科右给事中。

因为在继承人问题上打算废长立幼受到了朝臣的反对，万历皇帝长年消极懈怠，不上朝听政。朝廷吏制废弛，群臣大多慵懒怠惰而贪婪成性。王元翰上书万历皇帝，痛陈“时事败坏”，要求万历皇帝每天应“昧爽（黎明）视朝廷见大臣，言官得随其后”，让臣子们每天报告各方面的情况。他列举了当时可使人痛哭的八大问题，其中好几条都和万历皇帝有关，如：首辅“朱赓辅政三年”，还没见过皇帝一面；九卿中大半虚设而毫不尽职，甚至有“阁（合）署无一人，监司郡守，亦旷年无官”，各部门“政自苟且”；皇帝深居内宫，仅凭借奏疏了解下情，使敢于直谏的大臣无可奈何。万皇帝认为，找他毛病的言官是为了沽名钓誉，对王元翰的批评建议置之不理。

在评议朝政的同时，王元翰也上奏疏为家乡父老请命，《滇患孔殷维桑虑切疏》与《滇民不堪苛政疏》反映了当时云南的混乱情况。在担任言官的四年中，王元翰先后写出多份奏疏，既规劝皇帝，也弹劾官员。《明史》称“举朝咸畏其口”。

对人事问题的诤谏，也让王元翰卷入了官场是非的漩涡和围绕“东林党”的党争。1609年，经常找别人毛病的王元翰，也尝到了被别人找毛病的滋味。云南道御史郑继芳弹劾王元翰贪污公私财物，“盗窃巡厂库银无数，夋剥商人，贪赃数十万”。在这之前，王元翰刚刚从吏科给事中被提拔为工科右给事中，负责“巡视厂库”，他是否监守自盗，现在已无法考证。王元翰之所受到攻击，真正的原因是他曾上疏要求起用邹元标、顾宪成等10多名被罢免的官员，结果被人列为“东林党”。

王元翰被弹劾就像是捅了马蜂窝，受到攻击的王元翰亦上疏诬蔑诋毁郑继芳。同时，一大批人源源不断地加入争论，郑继芳的同党刘文炳、王绍徽、刘国缙等人连上十余道奏疏“弹劾”王元翰，王元翰的朋友史记事、胡忻、史学迁等人则上疏支持王元翰。万皇帝厌恶言官互相攻击，章奏都留中不发。郑继芳派人暗中监视王元翰家，观察哪些“东林党”人与王元翰往来，防止他转移财产。王元翰十分气愤，将把家里的筐、箱都抬到京城的城门口，让士兵搜查，然后恸哭辞朝而去。吏部以“擅离职守”为由，把王元翰降为刑部检校，后又以“浮躁”之名将他贬为湖广按察知事。围绕王元翰事件的攻防战成为明末党争的一次预演和热身。

王元翰的直言敢谏不仅没有给自己带来升迁或嘉奖，反而卷入党争，屡遭降罪，最后流落省外，穷死异乡。他的奏疏完整地留存下来的一共27份，为后人提供了研究明代后期朝政的资料。

（三）雷跃龙一生忠义

曾任南明永历政权大学士的雷跃龙，被人称

为“滇史第一高官”。在废除宰相制的明朝，大学士的职权类似宰相，这是云南人担任过的最高职务。

雷跃龙（1602—？年），字伯麟，号石庵，云南新兴州（今玉溪市红塔区）人。雷跃龙自幼聪明过人，1618 年中举人，1619 年中进士，被选为翰林院庶吉士，成为翰林院中年纪最轻的一位官员。地方志中称：“（雷跃龙）丰姿隽逸，器识深沉，诗文才望，时推第一。”

雷跃龙步入仕途的那几年，是明代政治最黑暗的年代，宦官魏忠贤专权干政，实行特务政治，排除异己，广结党羽，许多官僚向他靠拢，成为魏党或阉党。雷跃龙洁身自好，不与魏忠贤交往。明熹宗病死后，继位的崇祯皇帝惩治阉党，在魏忠贤家中搜出许多朝廷中人的名刺（去拜访时通姓名用的名片），唯独发现没有雷跃龙的只字片文，雷跃龙因此得到了崇祯的器重，逐步升迁职务。

雷跃龙

因为父母相继离世，雷跃龙丁忧在家。这期间，他为家乡做了许多事，先后捐资主持兴建了新兴州文庙、玉溪桥、弥陀寺、大士庵、杯湖亭、石虹庵及江川孤山吕祖阁、襟海亭等庙宇桥廊。为协助新兴州民众抵御流寇，他还参与修建加高新兴州城墙。

1644年3月，李自成的大顺军攻进北京，崇祯皇帝上吊自杀，在北京的明朝官员纷纷投降。雷跃龙乘乱逃出北京，辗转回到云南。

1646年，明桂王朱由榔在广东肇庆即位，年号“永历”。1647年，孙可望率大西军余部进入云南，雷跃龙与马兆羲等人被逼受职。永历帝倚仗大西军余部李定国、孙可望等人，在西南一带抵抗清军。雷跃龙对孙可望力陈匡扶大义，孙可望控制贵州后，把永历帝安置在安龙，自己在贵阳建立政府，设立文武百官。

1656年，李定国打败孙可望，把永历帝迎接到昆明。雷跃龙回到云南，辅佐永历帝，担任了永历朝礼部尚书、刑部尚书、东阁大学士等职务。雷跃龙在永历政权中发挥了什么样的作用，如今已很难找到记载。永历朝廷毕竟是个自身难保的流亡政权，实权掌握在李定国、孙可望等军事强人的手中，作为一介书生的雷跃龙，也很难有所作为。

雷跃龙最后的结局说法不一。一种说法是，雷跃龙跟随永历帝逃往缅甸，1661 年死于咒水之难。另一种说是，雷跃龙跟随永历帝逃往滇西途中失散，在广通被清军俘虏，在途中病故。也有人认为，雷跃龙隐居在腾越雪山削发为僧。不论哪种说法，有一点是共同的：雷跃龙没有降清。

雷跃龙一生著述颇多，著有《葵谷草》《逸馀集》等。

（四）赵士麟抚浙有方

在杭州，有个为官与白居易、苏东坡齐名的历史文化名人，他就是曾经担任过浙江巡抚的清朝名臣赵士麟。

赵士麟（1629—1699 年），字麟伯，号玉峰，澄江府河阳（今澄江县）人。1684 年，时任都察院左副都御史的赵士麟从北京“空降”杭州，担任浙江巡抚（类似于今天的省长）。在浙江的短短两年，是赵士麟为官生涯最为出彩的时期。

到杭州上任，赵士麟是带着康熙皇帝要他解

决的难题而来的。当时，杭州商业繁荣，驻防杭州的清军八旗兵通过“营线”（本地掮客），向当地人发放“印子钱”（要求借款人以房产和家人做抵押的高利贷）。借款者一旦无力还债，旗兵就乘机夺取他们的房产和妻儿，或迫使借款人到旗营为奴。快速增长的利息常让借款者无力偿还，一些杭州百姓为还债被迫赊田卖屋，妻离子散。营债问题引起城北武林门附近的市民罢市抗议，他们向路过的地方官员诉说“旗债”的种种恶状，数百骄横的旗兵冲出来辱骂地方官，“毁伞碎轿”，殴打百姓，几乎演变成大规模冲突。康熙下旨严惩首恶，而高达三十余万两的欠款债务，交由旗营将军与浙江巡抚按照市息结算给旗兵。

一方是备受盘剥压榨的杭州百姓，一方是享有特权地位、让地方官员束手无策的旗兵，这事如果解决不当，可能引起兵哄或者民变。类似的问题，赵士麟在做河北容城县令时曾遇到过。当年他捐款数百两银子代百姓偿还欠旗兵债务，庄头为此感动，在让利的同时，还把本减半，数千两的百姓欠债就此了结。这次，赵士麟也想到再用同样的办法解决问题，但总计三十多万两银子的旗债，他也无力偿还。一天，接到继母准备从澄江回祖籍金陵定居的消息，赵士麟十分高兴：“太夫人携金至，可代民偿债矣。”他向旗军统领许诺，愿代民偿债，并定了期限。

第二年，赵士麟继母万氏来到杭州，他在城门外迎接继母，跪求老人家将变卖在澄江的房产、田地得到银两资助他。老夫人拿出白银两万两，赵士麟派人敲锣打鼓送去军营。看见云南字号的白银，旗营将军被感动了，在赵士麟的要求下“利全让，本减半”，将债款减到五万余两。赵士麟随后发动当地官员捐足了数目，那些因为欠债而被关押的百姓被释放回家，杭州全城“颂声如雷，有天地父母之感”。事后，赵士麟明令永远禁止再放营债。

在杭州，赵士麟还做了一件大实事，200 多年没有完成的杭州河道疏浚，他只用了 2 个多月就完成了。当时，杭州城内的河道，特别是穿城而过的运河，由于多年不治，泥沙淤积，舟楫难行，热天恶臭熏天，雨天浊水注入民房。自明代以来，历任官员都想过要疏浚河道，可估费需要十多万两银子，他们都被这巨大数字吓得畏难缩手。赵士麟到杭州后，毅然以疏浚河道为己任。他先出钱在回龙桥一带搞试点，测算所需的工时和酬劳，结果表明根本不需要那么多的钱和时间，打消了士民的畏难心理。他采取官拨资银和民间集资相结合的办法，自己首先捐银两百两，杭州官吏士绅商贾富户纷纷捐资，终于完成了全部工程，最后耗银仅一万三千多两。

在浙江期间，赵士麟做了许多事，制止了因裁兵而引起的哗变；创设了救火兵制度以防治火患；惩治了在当地骄悍不法的豪族和衙役；清理了浙江漕运丛生的积弊；针对当时社会存在的种种不良风俗，制定颁布了一部较为完善的地方性法规《抚浙条约》；主修了《康熙浙江通志》。两年后担任江苏巡抚时，他治理江苏的思路方法与治理浙江时大体相同，江苏百姓安居乐业。

1683 年，康熙以武力收复了台湾。对台湾的善后问题，朝廷内部有 2 种不同意见：大学士李光地等人主张把台湾放给“红毛”（指荷兰人）打理，只需它俯首称臣、岁岁进贡就行；而赵士麟、施琅、姚启圣等人则主张镇守台湾。当时担任都察院左副都御史的赵士麟，向康熙上了《台湾善后疏》，提出“仿广东琼州（今海南岛）例”，设一府两县安抚台湾人民；再设一总兵镇守台湾，设一副将镇守澎湖，隶属福建总督衙门。他的建议被康熙采纳，在台湾比照内地设官、建府。

清初实行严峻“禁海”政策，浙江舟山群岛上所有居民都被迁入内地，东海各岛长时间荒弃。赵士麟和浙江定海镇总兵孙惟统撰写了《舟山展复事宜疏》，建议复迁原籍在舟山各岛的百姓回岛，开荒屯田，再移兵镇守。此后，清政府颁步“展海令”，舟山群岛百业渐渐复兴。

赵士麟学识渊博，精于诗赋，他的著作《读书堂彩衣全集》“文不下百篇、诗不下千首”，收录了他的各种文体的作品。他的书法也名重当时，与马汝为、虞世缨、赵士英一起被称为“滇中四杰”。

从江苏离任后，赵士麟又回到北京，先后在兵部、吏部任侍郎，深得康熙倚重。1699年，赵士麟病逝。

（五）周於礼撰集法帖

在明清时期，云南涌现出了一批全国知名的书画家，《听雨楼法帖》的撰集者周于礼就是其中之一。

周於礼（1720—1779 年），字绥远，号立崖、亦园，云南嶍峨（今峨山县）人。周於礼于 1751 年中进士后，一生都在当官，先后担任过江南道监察御史、鸿胪寺少卿、太常寺少卿、大理寺少卿、光禄寺少卿。史料中关于周於礼的记载，涉及官场的故事少之又少，只有“性明敏，言持大体，断案决狱必准情法，多所平反”等寥寥数语。周於礼能被后人记住，很大程度上是因为他在书法上的造诣。

周於礼生平好学，博览群书，工诗善文又精于书画鉴赏，收藏丰富，以书法著称。清朝学者包世臣在《艺舟双楫》中把周於礼的行书列为能品。相传他练习书法十分刻苦，每天清晨起床后的第一件事就是练字。他的书法学苏轼、米芾诸家，笔致俊逸潇洒，自成一体。周於礼在很多地方都留下了墨宝。如今，除了在博物馆里能看到他的作品外，在昆明华亭寺、圆通寺以及通海秀山等地方，也能欣赏到他题写的匾联。

周於礼的书屋名为“听雨楼”，因此，他也被人们称为“听雨楼主”。他的著作有《敦彝堂集》

和《听雨楼诗草》。

周於礼是一位收藏家，“嗜古善书，每得古人金石墨迹，不恤重资购贮”。他收藏了许多名家墨迹，都存放于听雨楼。除了自己品鉴、研习外，与他交好的朋友也能在听雨楼临摹名家真迹。每次得到珍品，周於礼常邀约朋友一同鉴赏。书法家钱沣在结识周於礼后，很长一段时间里醉心在听雨楼，观览、临摹了许多珍贵的字帖。初唐书法大家褚遂良所书的《枯树赋》，钱沣临写了不下百遍。

周於礼把所收集的历代书法名作，精选唐以下部分，撰集成《听雨楼法帖》。这部法帖精选了褚遂良、颜真卿、蔡襄、苏洵、苏轼、苏辙、黄庭坚、米芾、赵孟頫等书法家的真迹，是中国历代丛帖中的精品之一。在苏州四大园林之一的狮子林，园中的廊壁上嵌藏有60余方《听雨楼法帖》的刻石。

（六）刘大绅遗爱山东

刘大绅一生未做过高官，但却因勤政爱民，关心和同情百姓疾苦，深受老百姓爱戴，在历史的长河中留下了美名。

刘大绅(1747—1828年),字寄庵,清代宁州(今华宁县)人，出身于世代书香之家，从小受到良好的家庭教育。1772年，考中进士。1783年，任山东新城（今桓台县）知县。

刚到新城上任时，正值当地遭遇旱灾。刘大绅全力赈灾，为抗旱灾而尽心尽力；遭遇蝗灾，他亲率吏民扑打，和百姓一样携带干粮，整天在烈日中暴晒；连年大旱，百姓饥馑，他捐出薪俸购买米粮，在新城设粥厂赈济饥民。在新城为官期间,刘大绅日用不过百钱,每顿饭只吃一碗米饭,顶多加一两个菜，官署的器用物件像寒士一样朴素；下乡调查案件，很少乘车坐轿。每月的朔、望日，他都要召集全县诸生士子到讲堂，亲自讲授经史乃至乡约训诫,使“当地士子乃知实学,风气一变”。3年后，刘大绅被调任曹县知县，接替他的人都到了，新城百姓却请求刘大绅别走。当时，钦差琅玕路过新城，数千新城百姓拦路向他哀求留下刘大绅。刘大绅因此又在新城留任了三个月。

刘大绅到曹县就任后，发现那里的灾荒比新城严重。此时，河督下令征调曹县万名民工修赵河堤。刘大绅以工代赈，发给粮食，河堤 2 个月竣工，民工没有一个逃亡或生病的。接着，河督又令曹县征集修河堤所需三百万秸料（秸秆）。刘大绅认为农作物刚刚收割，请求暂缓征调。上司不准，要治他的罪，百姓怕连累他，争先交纳，不到十天就交足三百万。一次，刘大绅到乡间巡视，听到农民说："谷贱银贵，田赋开征的期限要到了，怎么办？"刘大绅说："等谷物有好价钱，再交田赋也不迟啊。"这话传到上司那里，上司以"擅作主张，拖延征期"怪罪他，并另派人到曹县代征。百姓唯恐失去这么一个好官，奔走相约，及时交赋，等代替的人来到时，当年田赋已全部交清。上司嫉妒刘大绅，又限期催收上两年因灾拖欠的赋银，并扬言说如不收齐，就另派他人取代他。百姓很害怕，没几天就交了三万多两。因为不顺从上司的意愿，刘大绅托病辞官。

1793 年，刘大绅病愈，又来到山东任职，补任文登知县。当时新城县（今高碑店市）正在修城，这事有点棘手，一些官员争相躲避。新城百姓请求让刘大绅回新城，上司派刘大绅督工。一年以后修城工程竣工。不久，上司用在曹县旧案治刘大绅的罪，打算将他削籍戍边，新城县、曹县两县百姓纷纷捐钱为大绅赎“罪”。刘大绅从新城离任时，新城百姓联民送他万民伞，并选数十首民歌，绘制了记录他在新城所作所为的《遗爱图》。刘大绅自认为为百姓做事太少，当场将图焚烧。

1801年，刘大绅复官，任朝城（今莘县）知县，后升青州府（治所在今益都）同知。1803年，调武定府（治所在今惠民）同知。在任期间，遇到涨大水，刘大绅向上报告百姓遭灾。当地人感激刘大绅，虽没有因此减免税赋，也没有人抱怨。在做武定府同知期间，因捕杀蝗虫、查灾赈济等功，山东巡抚铁保代嘉庆帝朱批“好官可用”四个字给他。1805年，刘大绅以为母亲养老为由辞官回乡。

刘大绅为官22年间，3次辞官，3次被治罪，沉因百姓而起，浮得百姓之助，所到山东各地，都受到民众爱戴，被称为“刘青天”。

1813年至1820年，刘大绅被云南督府聘为昆明五华书院山长（书院主讲）。五华书院是云南创办较早、层次最高、影响最大的一所书院。在刘大绅的培育和影响下，书院学风大变，学生的进步很大，其中尤以杨国翰和李于阳、戴淳、戴炯孙、池春生最出众，被称为“五华五子”。

（七）朱嶟首倡禁烟

在第一次鸦片战争前，围绕是“弛禁鸦片”还是禁烟，清朝官员展开了一场激烈的辩论，朱嶟最早提出了严禁鸦片的主张，成为禁烟运动的思想先驱。

朱嶟（1791—1863 年），云南通海人。在他长达 43 年的漫长仕途生涯中，历仕嘉庆、道光、咸丰、同治四朝，从翰林院检讨开始，担任过监察御史、给事中、各寺少卿和寺卿、内阁学士、学政、通政史、侍郎，先后担任过户部尚书（“尚书”相当于今天的部长）、礼部尚书、工部尚书、吏部尚书，成为四朝元老，是清廷重臣。

朱氏宗祠

朱嶟为官的年代，是清朝日益走向衰落的年代。英国在工业革命以后，不断扩张殖民地和海外市场，为扭转对华贸易逆差，英国商人从 18 世纪中叶开始向中国输入鸦片，由于清政府禁烟，鸦片贸易以走私的方式进行。19 世纪 30 年代，鸦片走私泛滥，蔓延到整个东南沿海，造成白银大量外流，吸食者的精神和身体受到摧残。1835 年，朱嶟在考察江苏、浙江、福建和广东后，发现鸦片的毒害已由沿海蔓延到了京师，他在紧急上书道光皇帝的奏折中写道：“中华若不尽早根除鸦片之祸，国人危矣；国人既危，中华更危矣！”

清朝自雍正时就开始禁烟，但因为腐败，相关官员被收买，禁烟没有成效，贩毒吸毒者反而越来越猖獗。随着鸦片的泛滥，大清的官员开展了一场大辩论。1836 年，太常侍少卿许乃济向道光奏请“弛禁鸦片”。他认为：法令愈严，官吏贿赂愈丰，禁烟是没有意义的。不如索性放开，只准以货易货，再说了，凡吸食者都是社会上的渣滓“游惰无志不足轻重之辈”，大可不必顾惜。他提出了弛禁鸦片吸食、允许内地民间栽种的主张。

许乃济的看法，得到了广州的官员的赞同，

但朝廷中的一大批官员坚决反对。最先上书反驳许乃济观点的，是时任内阁学士兼礼部侍郎朱嶟和兵科给事中许球。朱嶟在《申严例禁以彰国法而除民害折》中，提出了严禁鸦片的主张。他认为，鸦片最大的危害，是对人民身心健康的摧残，“鸦片流毒，妨财害小，殃民害大”；如果鸦片对军营腐蚀严重，军队将无法训练，丧失战斗力。在辩论中，朱嶟提出了“详内而略外，先治己而后治人”的禁烟策略，以重治吸食者为禁烟重心。朱嶟主张加强海防，整军备战；加强禁烟法纪，严厉打击武装走私贩毒团伙和首恶分子。

在第一次鸦片战争中，清军战败。因为举荐林则徐，朱嶟被遭贬为山东学政。1841 年，道光皇帝又重新启用朱嶟，任命他为工部尚书钦理治理黄河御史。1863 年，朱嶟病逝于北京。

（八）枪炮声中打出的辛亥群雄

晚清“新政”开始后，云南和全国一样，也掀起了留学狂潮。1904 年，一批云南留学生陆续到日本留学。“政治学西洋，军事学东洋”，鉴于当时中国面临的严重危机，许多留日学生都选择了学陆军。罗佩金（1878—1922 年，字镕轩，澄江县人）、李鸿祥（1879—1963 年，字仪廷，新兴州人）、谢汝翼（1879—1914 年，字幼臣，新兴州人）、郑开文（1876—1922 年，字炳然，通海县人）等先后进入东京振武学堂学习，这是一所专为中国留学生开办的预科军事学校。1905 年，中国同盟会在东京召开正式成立大会，罗佩金、李鸿祥、谢汝翼等先后加入同盟会。从东京振武学堂毕业后，他们又到日本陆军士官学校学习。

重九起义建立功勋

1909 年，云贵总督沈秉坤电调日本士官学校毕业学生回滇供职，李鸿祥、谢汝翼、郑开文和顾品珍、唐继尧等云南同学一道，纷纷回到云南，除了到云南陆军讲武堂任职外，还有一部人到了新军。

新任云贵总督李经羲让罗佩金举荐军事人才担当要职，罗佩金推荐了湖南人蔡锷。1910 年 4 月，蔡锷来到云南，就任云南新军第十九镇三十七协协统。罗佩金在蔡锷部下任七十四标统带。这为革命党人进入新军开展活动打开了方便之门。

武昌起义爆发后，在昆明的革命党人紧锣密鼓地谋划起义，他们召开了五次秘密会议，罗佩金、李鸿祥、谢汝翼分别参加过会议。

1911 年 10 月 30 日（即农历九月初九日）晚 8 时，七十三标三营排长黄毓英和文鸿揆、王秉钧等搬运被集中保管的子弹分发给士兵，被值日队官唐元良发觉，双方争执不休。黄毓英及部下开枪，击毙第二营队官安焕章、唐元良和督队官薛树仁。此时，距原计划起义时间还有 5 个多小时，七十三标三营管带李鸿祥当机立断，急令号兵吹号集合，提前起义，进攻昆明北门。晚 10 时半，蔡锷在巫家坝集合部队，誓师起义，率队伍进攻昆明东、南两道城门。罗佩金、谢汝翼率部随蔡锷入城。

李根源、李鸿祥率军从北门攻入昆明城后，占据了圆通山，并攻打军械局。这是重九起义中比较激烈的一场战斗。军械局在五华山东北，四周城墙高大坚厚，易守难攻。蔡锷、罗佩金进城后，见攻打军械局的兵

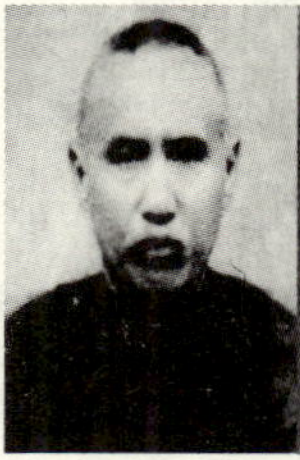
李鸿祥

罗佩金

谢汝翼

力单薄，便派兵支援。天空快要亮时，蔡锷见军械局仍未攻克，又派谢汝翼率炮队增援。谢汝翼实地观察，发现侧面围墙守备薄弱，便指挥士兵在围墙角挖洞，塞进数十桶黑火药，将坚固的围墙炸开了一个缺口。谢汝翼率兵一拥而进砍杀守军 30 多人，全部占领军械局。罗佩金率带七十四标一、二两个营进攻总督署。当时总督署有部队五六百人坚守，罗部力战数小时不能攻克。31 日，在革命军弹药将要耗尽的时候，军械局被攻破。得到补充后，罗佩金督军发起总攻，终于将总督署拿下，李经羲的卫队投降，昆明全城光复。

入川援蜀救民水火

11 月 1 日，大汉云南军政府（即“大中华国云南军都督府”）成立，蔡锷任都督，唐继尧、谢汝翼分掌兵权，李鸿祥被任命为省城防卫戍司令；罗佩金、何国均率军到滇南，平息蒙自兵乱。罗佩金后来接替李根源，任云南军都督府军政部总长，主管全省行政事务。

为消灭在四川的清军，促使四川早日光复，云南军都督府决定派兵援川，谢汝翼任援川军第一梯团（相当于旅）梯团长，李鸿祥任第二梯团长。1911 年 11 月，谢汝翼、李鸿祥分头进军四川，占领叙府、泸州，“同志会”闻风而散，赵尔丰被迫交出政权。1912 年 2 月，清朝皇帝溥仪退位，袁世凯当上了民国大总统，他下令滇军停止北伐。援川滇军结束使命，撤回云南。云南统编全省军队为一师，李鸿祥被任命为第一师师长兼政务厅长。谢汝翼担任云南军都督府参谋厅厅长兼云南省讲武学堂校长。

1913 年，谢汝翼担任第二师师长，驻扎在蒙自。同年，担任云南迤西镇守使代云南省都督。这年 12 月 8 日，大理爆发杨春魁兵变，谢汝翼奉命率军镇压，12 月 23 日攻占大理，随后整顿大理驻军，恢复了地方秩序。1914 年，袁世凯下令裁撤迤西镇守使设制，召谢汝翼“即来北京，另有任用”。5 月 3 日，谢汝翼乘滇越铁路火车，准备南下越南海防，取道香港赴北京。火车行至糯租车站时，谢汝翼遇刺身亡。

西征援藏受到阻拦

辛亥革命后，英国乘着中国处于多事之秋，不断入侵西藏，策动大农奴主武装叛乱，川边藏区普遍发生武装叛乱，局势不断恶化。

蔡锷不断向全国呼吁关注西藏问题，数次致电中央政府，力陈西藏危局，强烈要求北京政府迅速决策，派兵平叛，并主动请缨出兵西征。1912 年 5 月 18 日，北京政府同意云南与四川军队“联合进藏，竭力镇抚”。蔡锷任命殷承瓛为滇军西征军总司令，率领两个纵队，以讲武堂教官郑开文、姜梅龄分任左、右纵队长，于 7 月从昆明出发，经丽江进军西藏。

这支援藏平叛部队的基层军官大部分都为讲武堂师生，“师出以律”，秋毫无犯。8 月 15 日，郑开文率领的左纵队在溜筒江与西藏叛军发生激战大获全胜，滇军无一伤亡。滇军乘胜追击，随即攻克了盐井、乡城，缓解了巴塘之围，增援了川军，威震西藏。北京政府致电蔡锷，下令嘉奖。

西征军引起了英国和西藏亲英分子的极度恐慌。英国以“不承认中华民国，并以实力助藏‘独立’”相威胁。当时北京政府急欲获得各帝国主义国家的承认，因此于 9 月下旬一再电令川军停止入藏。四川都督尹昌衡认为藏事应由四川省负责解决，也多次发电阻止滇军继续前进。北京政府以“军费难筹”，“恐酿交涉”为由，强令滇军退兵。达赖喇嘛和袁世凯在英国的调停下，达成了协议，实现“和解”。西征滇军全部撤回云南。西征军虽然平叛未果，却在短短几个月的战斗中打击了一小撮西藏上层叛乱分子的嚣张气焰。

1913 年，因在平定贵州匪乱时作战有功，郑开文被晋升为师长。1917 年，郑开文任云南讲武堂校长兼云南陆军宪兵司令。

护国讨袁反对复辟

1915 年 12 月 12 日，袁世凯称帝。12 月 25 日，唐继尧、蔡锷、李烈钧等联名发出通电宣布云南独立，反对复辟帝制，武力讨伐袁世凯。蔡锷任总司令的护国第一军，是护国军的主力。当时，云南财政困难，军中粮饷难以筹集，担任第一军参谋长的罗佩金把他家几世积累的家产抵押给殖边银行，得到银圆 12 万元，全部用于支援护国军。

护国军在川滇边境的叙府（今宜宾）、泸州、纳溪等地与袁军激战，蔡锷、罗佩金率二、三梯团在纳溪前方的朝阳关、棉花坡打了 27 个昼夜，袁军伤亡惨重，深挖战壕固守。由于得不到云南方面的接济，第一军转攻为守，互相对峙。这时广西都督陆荣廷通电宣布讨袁，护国第二军赶到百色，黄毓成军将经贵州入川增援。贵州都督刘显世也通电表示黔省听从蔡锷指挥。消息传到护国军中，全军士气大振。3 月 13 日下反攻令时，因蔡锷声哑，由罗佩金代言，他说："今日之战，胜可望生，败则死，不胜不败亦死！"众将领情绪激昂，星夜接近敌阵，拂晓发起反攻。激战两昼夜，蔡锷、罗佩金到前线指挥战斗。罗佩金的右胫被炮弹片所伤，他用草药治疗后，坚持指挥战斗，终于取得了胜利。这一仗毙敌 2000 余人，生俘 1000 多人。护国军牺牲七八百人，伤近千人。

继云南、贵州、广西宣布独立后，陕西、浙江、湖南、四川也宣布独立反袁。在内外交困的无奈情况下，袁世凯被迫废除帝制，6 月 6 日在绝望中死去。黎元洪出任总统后，罗佩金被晋升为上将，补为广西省长。这时，蔡锷积劳成疾，罗佩金接任四川督军。

护国战争结束后，滇军、黔军仍留在四川，罗佩金执行"强滇弱川"的裁兵计划，激起川军 5 名师长联名通电控诉。1917 年 3 月，罗佩金以武力解散川军第四师，川军第二师师长刘存厚联络川军各部共谋驱罗。1917 年 4 月 18 日，刘存厚率川军与罗佩金部在成都发生巷战，“刘罗之战”让双方伤亡严重。1917 年 4 月 20 日，北京政府免去罗佩金、刘存厚两人的军职，由戴戡暂代四川督军。同年 7 月，又爆发了刘存厚与戴戡的“刘戴之战”，罗佩金想坐收渔翁之利，迟迟不出动主力增援黔军。结果黔军又被赶出成都遭歼灭，戴戡身亡。罗佩金被唐继尧免去靖国军第一军总司令职务，由四川回昆明，闭门谢客，不问政事。

1920 年，顾品珍从四川带兵返滇，唐继尧下台，离昆出走。顾品珍任滇军总司令兼云南省长。当时滇南匪乱严重，应顾品珍请求，罗佩金到滇南任巡阅使。顾品珍部在陆良天生关与唐继尧部队激战时，司令部被吴学显偷袭，顾品珍被打死，唐继尧二次回滇。罗佩金离开滇南，在双金坡被匪首普小洪杀害。

（九）范石生义助朱德

八一南昌起义后，起义部队遭受重大损失，朱德率领的起义部队余脉得到了慷慨无私的援助。朱德曾经说过，如果没有范石生的帮助，他们那支部队“很可能就打光了”，很难说能剩下几个人上井冈山与毛主席会师。

范石生（1887—1939 年），字小泉，河西县西乡小街（今峨山县小街镇）人。幼时跟着父亲读私塾，后来又跟从伯父兼习中医。1903 年中秀才，不久后考入云南优级师范，在校期间加入中国同盟会。毕业后受聘任宁洱县（普洱）高等小学校长，后经李鸿祥介绍到新军蔡锷部任文书。1909 年考入云南讲武堂，与朱德、邓泰中、杨蓁等同学结为金兰之交。1911 年和朱德等参加了“重九”起义。1915 年，在护国军讨袁作战中，屡立战功，被提升为炮兵团团长。讨袁成功后，被委任为第六师参谋长。1921 年随顾品珍回滇倒唐（继尧），被孙中山任命为北伐先遣司令，率部驻滇、黔、桂边界。1922 年粤军兵变，范石生随滇军总

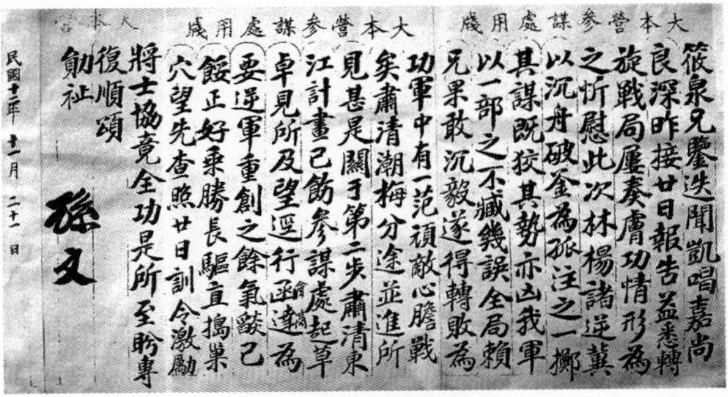

大本營參謀處用箋

筱泉兄鑒：迭聞凱唱，嘉尚良深。昨接廿日報告，益悉轉旋戰局，屢奏膚功，情形為之忻慰。此次林楊諸逆冀以沉舟破釜為孤注之一擲，其謀既狡，其勢亦凶。我軍以一部之不臧，幾誤全局，賴兄果敢沉毅，遂得轉敗為功。軍中有一范，頑敵心膽戰矣。肅清潮梅，分途並進，所見甚是。關于第二步肅清東江計畫，已飭參謀處起草，卓見所及，望逕行函達，為要。逆軍重創之餘，氣燄已餒，正好乘勝長驅，直搗巢穴。望先查照廿日訓令，激勵將士，協竟全功，是所至盼。專復，順頌

勛祉

孫文

民國十二年十一月二十一日

孙中山给范石生的信

指挥杨希闵收复广州，迎接孙中山返回广州，范石生升任直辖滇军第三师师长。1923 年升任第二军军长。1926 年，范石生所率滇军第二军改编为国民革命军第十六军。

1927 年，蒋介石发动“四一二政变”，下令清党。范石生不予执行，共产党照旧在十六军内活动。同年 8 月，得知南昌起义的消息后，范石生给南下的起义部队写了一封信，说他准备在广东接应起义军，共同开展反帝、反封建的革命事业。听说起义部队主力在潮汕一带战败、损失惨重的消息后，他又派当年朱德的同窗好友敬镕，前往粤北、赣南等地寻访。敬镕从湘南到赣南，再回湘南，走了一个多月，始终未能找到朱德。

原来在潮汕受挫后，朱德率起义部队余部隐蔽北上，1927 年 11 月上旬来到湘、粤、赣三省交界的山区江西崇义县西南的上堡，这时部队只剩下 800 人左右了。隆冬将至，部队穿的还是南昌起义时的单衣短裤，粮食、薪饷更是没有着落，枪支弹药和被服无法得到补充，朱德、陈毅等为此十分焦虑。一天，朱德从报上看到范石生率 16 军从广东韶关移防到同崇义接邻的湖南郴州，兴奋不已。他同陈毅等人商量后，写信给范石生，希望同他合作。很快，朱德收到了范石生的亲笔回信，邀他在汝城会面。在会面中，朱德提出了3个条件：我们是共产党的队伍，党什么时候调我们走，我们就什么时候走；给我们的物资补充，完全由我们自己支配；我们的内部组织和训练工作等，完全按我们的决定办，不得进行干涉。范石生全部允诺，双方达成3条协议：（1）同意合作后朱德部队的编制、组织不变，要走随时可走。（2）起义军改用十六军四十七师一四〇团的番号隐蔽起来。朱德化名王楷，任四十七师副师长兼一四〇团团长。（3）按一个团的编制，先发一个月的薪饷，并立即发放武器弹药和被服。后两条协议是范石生主动提出来的。南昌起义后仅存的武装力量，由此摆脱了饥寒交迫的困境。

在和朱德合作这段时间，范石生任由朱德在当地联络和发展革命武装，进行武装暴动的准备：任由朱德在仁化、曲江等县打土豪、分田地；任由朱德率部准备参加共产党领导的广州起义，甚至准备和朱德公开树起反对蒋介石的大旗。

1928年初，范石生突然接到蒋介石密令，要范石生解除朱德部的武装，逮捕朱德。原来是十六军中有人向蒋告密。接到蒋介石密令，范石生考虑再三，决定让朱德暂时离开。随即，派亲信秘书杨忠寿送亲笔信给朱德，建议朱德率部“要走大路，不要走小路”，并把蒋的密令给朱德看。随后，范石生又派人给朱德送去了几万元现洋做路费，并送去一批枪支弹药及军需装备。朱德部队在大雨滂沱中离开时，十六军的官兵两百来人，也跟着朱德一道走了。有人向范石生建议：马上派兵追击，并与附近驻军联络，将朱德部包围消灭。范石生未予理睬，按兵不动。事后，范石生以“朱部叛变”上报蒋介石，随后称病前往广州养“病”。

1928年1月12日，朱德率部队发动湘南起义。同年4月下旬，朱德率领以南昌起义余部为主要骨干的湘南起义军1万多人，到达井冈山下的宁冈砻市，同毛泽东率领的秋收起义部队会师。

1929年初，第十六军被改编为第八路军第五师，范石生任师长，随后该师又改编为第五十一师。1932年，范石生提请辞职，1934年获准寓居庐山。1937年“七七”事变后，范石生回到云南，在昆明以行医为业，不再过问政事。1939年3月，被人枪杀在昆明街头，终年 52 岁。

（十）曲焕章创制百宝丹

在江川星云湖西南方的赵官村，一百多年前诞生了一个传奇的人物，如今有关他的故事仍在民间流传，他创制的药方仍惠泽千千万万的大众。

曲焕章（1880—1938 年），字星阶，原名曲占恩，他有着一个不幸的童年，七岁丧父，九岁丧母，只能与三姐相依为命。三姐出嫁后，他在姐夫袁槐家生活。袁槐的父亲袁恩龄是当时江川颇有名气的伤科中医，他创制了一种名为“南极仙翁万应丹”的伤药。曲占恩在袁家药房当帮工，学习加工配制“万应丹”，学习给人治伤。1896 年，曲占恩娶周官村犁铧匠的女儿李惠英为妻后，自立门户。随着上门就医的人日益增多，他开始自己采购药材，加工配制伤药，到其他村镇出诊治伤，慢慢成了当地小有名气的伤科医生。1902 年，曲占恩研制出一种治伤药。这就是今天人们熟知的“云南白药”。这一年也被当作“云南白药”的诞生年。

1906 年，26 岁的曲占恩不得不抛妻别子，过起了漂泊江湖的生活。据说是因为他被迫替土匪疗伤，有人告他通匪，官府下令缉拿他。曲占恩闻讯后出门避祸，并改名曲焕章，在滇南（今红河州一带）的集镇摆摊行医。

曲焕章曾说过，他得到“异人”所传。这个“异人”就是个旧的草医姚连均。曲焕章拜精通药理的姚连钧为师，学习治伤的秘方、秘法并跟他游历，一边采集草药，一边四处行医。

1913年底，唐继尧任云南都督后，派兵清剿土匪。在建水一带占山为王的吴学显受了枪伤，伤势很严重，他派人强请曲焕章给他疗伤。治愈吴学显的枪伤后，曲焕章躲避到阿迷州（今开远）行医。官府闻讯后下令通缉他，曲焕章逃到宜良，找在那里行医的姐夫袁槐时，被捕入狱。后来，袁槐想方设法救出了曲焕章。

回到阔别8年的家乡后，曲焕章继续改进他的配方。1916年，曲焕章将白药等药品，送云南省警察厅卫生所检验。经过检验，获得了证书，被允许公开出售。1917年，曲焕章带着长子曲万增到通海行医。他拜通海富滇银行总办、当地知名绅士赵咏泉为义父，娶通海女子缪兰英为二房。

1922年，曲焕章给他的白药另起一新名“百宝丹”。应吴学显邀请，曲焕章到昆明开业行医，开始了“二次创业”。此时，吴学显已被唐继尧招安，并受到唐继尧的重用。2年后，曲焕章获得草科医士执照，在昆明开设伤科诊所。

在一次战斗中，吴学显的右腿小腿被子弹打成粉碎性骨折，昆明的法国医院、惠滇医院和陆军医院都认为只有截肢才能保住性命。情急之中，吴学显想到了曲焕章，便派人去请曲焕章医治。曲焕章用“百宝丹”保住了吴学显的小腿。伤愈后，吴学显十分高兴，他让军乐队在昆明城里吹吹打打地游行，宣传“百宝丹”的功效。这件事一时间成为昆明茶楼酒肆、街头巷尾议论的新闻，曲焕章也成了人们心目中的“妙手”“神医”，前来求医索药的人陡然增多。同时，曲焕章也得以跟云南军政界高层打起了交道。1925年，曲焕章被聘为东陆医院滇医部主任兼教导团一等军医正。曲焕章每天到医院上班看病，下班回家打理他的药房。这个时期，军阀混战，主治刀枪创伤的百宝丹派上了大用场。

1927年，曲焕章总结临床经验，对百宝丹反复验证，甚至在自己身上做试验，终于达到更理想的疗效，正式定名为“曲焕章万应百宝丹”。1931年，曲焕章辞去东陆医院职务，在昆明金碧路，斥巨资建盖中西合璧的曲焕章大药房。

通过一系列的运作，曲焕章的万应百宝丹赢来了一段高速发展的黄金时期，畅销川、黔、粤、赣、皖、浙、湘、鄂、豫等省，在上海、武汉及香港、澳门、新加坡、雅加达、仰光、曼谷、横滨等处建立代销处。曲焕章也被选为云南医师工会主席。

1937年，全面抗战爆发，滇军60军和58军先后奔赴抗日前线。曲焕章向滇军将士赠送了3万瓶百宝丹。60军参加了著名的台儿庄战役，这一战不仅打出了滇军的威名，作为滇军的“随身三件宝”之一的“曲焕章万应百宝丹”也声名远扬。这一年，曲焕章万应百宝丹的年产量达到了创纪录的40万瓶。

1938年6月，曲焕章被中央国医馆馆长焦易堂接到重庆，住在机房街的中国制药厂内。焦易堂表示抗战前方需要白药，希望曲焕章献出药方，参与合办中国制药厂，把百宝丹交给中国制药厂生产。曲焕章虚与委蛇，一直没有献出百宝丹的配方。盛夏的重庆，炎热如焚，曲焕章身体日渐衰弱，患了暑痢。1938 年 8 月 16 日，曲焕章在重庆中央医院请人代笔留下遗嘱，几天后去世，终年 58 岁。

（十一）聂耳谱写《义勇军进行曲》

1935 年，抗日影片《风云儿女》上映，该片的主题曲《义勇军进行曲》不胫而走。从此，“起来，不愿做奴隶的人们，把我们的血肉，筑成我们新的长城……”的歌声一直回荡在中华大地上，它不仅成为激励中华儿女争取民族解放的战斗号角，后来还被确定为中华人民共和国国歌。

《义勇军进行曲》的作曲者聂耳（1912—1935 年），原名聂守信，字子义（亦作紫艺），玉溪县（今玉溪市红塔区）人。他出生在昆明，父母亲都是玉溪人。在读书时，聂耳就酷爱音乐。1930 年，聂耳从云南省立第一师范学校毕业时，他的哥哥听朋友说，聂耳因为参加共青团，上了黑名单，当局已经在准备抓他。家人商量后，决定让聂耳去华人洋人混杂处的上海藏身。

聂耳到上海后，先是在云丰申庄担任会计。在工作之余，他努力练习小提琴和学习外语。云丰申庄倒闭后，1931 年 4 月，聂耳考入黎锦晖的明月歌剧社，担任小提琴手，正式开始了他的艺术生涯。为提高自己的演奏技巧，聂耳拜侨居上海的奥地利的提琴家普杜什卡为师。名师的指点和勤奋练习，使得聂耳琴艺明显提高。

1932 年，在卜万仓、金焰、田汉等朋友的帮助下，聂耳进入联华影业公司工作，担任场记。1933 年，聂耳由田汉介绍加入中国共产党。联华影业公司规定，其职员要在本公司拍摄的影片中，临时扮演各种群众角色。聂耳在《城市之夜》《体育皇后》《小玩意》等影片中扮演了账房先生、小提琴手、小商贩、运动会上的医生等群众角色。拍摄《除夕》《母性之光》等影片时，聂耳在摄影机旁，用小提琴拉自己即兴创作的音乐，帮助演员启发情感，进入角色。1933 年 3 月 21 日，聂耳任联华公司一厂音乐股主任，除了给影片配乐外，还要辅导电影演员唱歌。

聂　耳

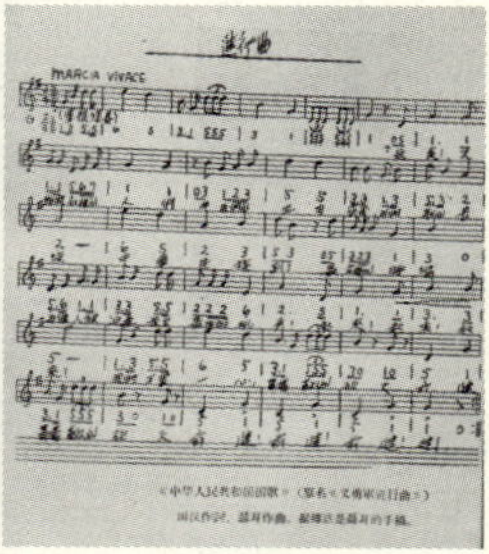

《义勇军进行曲》

这一年，他忙里偷闲，为女报童“小毛头”写作了后来广为传唱的儿童歌曲——《卖报歌》。

1934 年，联华公司一厂将聂耳辞退。为了生存，聂耳开始了专职作曲的生涯。背水一战的聂耳创作了《走向摄影场》《卖报之声》《小野猫》《雪花飞》等歌曲。同年 4 月，聂耳进入百代唱片公司音乐部工作。聂耳建立了百代国乐队（又名“森森国乐队”），演奏根据传统民乐编写的《金蛇狂舞》《翠湖春晓》《山国情侣》等民乐合奏，深受人们喜爱。这一年是聂耳作品最多产的一年，也是他最忙碌的一年，他为歌剧、话剧和电影谱写了《新女性》《开路先锋》《大路歌》《前进歌》《毕业歌》《铁蹄下的歌女》等主题歌和插曲。这些歌曲受到了越来越多的人的喜爱。

1935 年 1 月，聂耳担任了联华影业公司二厂音乐部主任。上海电通影业公司要拍摄抗日影片《风云儿女》，编剧田汉被捕了，夏衍将影片故事改写成电影剧本，交给了导演许幸之。聂耳听说后，遇到夏衍时，他的第一句话是：“听说《风云儿女》的结尾有一个主题歌？”夏衍将剧本和田汉写在烟盒纸上的歌词给聂耳看，聂耳念了两边说："作曲交给我，我干。田先生一定会同意的。"

经过两个多月的构思，聂耳动手写作《义勇军进行曲》时，完全被义勇军救亡的故事激动着，创作的思绪就像潮水一样从脑海里涌现出来。那几天，他到了废寝忘食的地步。夜深了，他还一会儿在桌上打拍子，一会儿在琴上试奏，一会儿在楼板上来回踱步，一会儿又高声歌唱。房东太太忍不住跑到楼上指责他，聂耳只好向她道歉了事。两夜的功夫，聂耳就完成了《义勇军进行曲》的初稿，之后又用两个星期来修改，接着又谱写了该片的插曲《铁蹄下的歌女》。

这年的4月1日，聂耳听到了一个消息：他

聂耳故居

上了国民党当局的黑名单。渴望学习的聂耳决定出国去考察、进修，党组织批准了他出去躲避一段时间，1935 年 4 月 15 日聂耳乘船离开上海赴日本。1935 年 7 月 17 日，聂耳在日本神奈川县藤泽市鹄沼海滨游泳时，不幸溺水身亡，年仅 23 岁。

（十二）唐淮源碧血染中条

1941 年，日军大举进攻位于山西省南部的中条山，中国军队遭受重大损失，第三军军长唐淮源以身殉国，成为抗战期间我国阵亡的军阶最高（陆军上将）的将领之一。

唐淮源（1886—1941 年），字佛川，江川县人。1909 年，唐淮源考进云南陆军讲武堂。期间，与朱德、金汉鼎等同学义结金兰，并加入同盟会。他参加过重九起义、护国讨袁战争，因屡立军功而升至旅长等职。1922 年初，滇军内讧，唐继尧回滇复辟，唐淮源与朱德、金汉鼎离滇。后朱德赴欧学习，唐淮源与金汉鼎到广东，参加了北伐战争。

1937 年，第三军奉命开赴华北战场，这是一支以滇军为底子的部队，唐淮源任副军长。第三军参加了高碑店、易水、涞源、保定等战役，并在娘子关战役中与日军鏖战。同年，唐淮源升任第三军军长。唐淮源治军极严，部队每到一地，都明令不得惊扰百姓，滋事生非，违令者严惩。

1938 年，唐淮源率部转入晋南门户中条山地区作战，负责防守中条山中部的闻喜、夏县以东地区。中条山战略地位十分重要，是华北、中原和西北的战略枢纽地带，被视为抗日战争时期“关系国家安危之要地”。为保卫这一战略要地，国民政府调集了两个集团军，一个改编旅，一个游击队，约 16 万人防守中条山。日军自 1938 年以来曾 13 次围攻中条山，唐淮源率部协同友军先后击败了日军的进攻，中条山一度成为阻止日军南进和西进的屏障。

1941 年 4 月，日本和苏联签订了《日苏中立条约》，解除了日本大举南进的后顾之忧，日军决心集中兵力进犯中条山，动员了 6 个师团和 3 个旅团，总共 10 多万兵力，参加中条山会战。另外，从在东北的关东军调来空中支援。1941 年 5 月 7 日，日军在航空兵的支持下，由东、北、西三个方向“以钳形并配以中央突破之方式”开始全面进攻。

日军以优势的兵力和猛烈的炮火突破了防御阵地，中国守军全线溃退，被日军内外侧双重包围。

10日，第三军南撤，敌主力以分进合击之势向第三军合围。11日，敌合围之势已成。第三军伤亡过半，四面受敌，粮尽援绝，后路已断。唐淮源召集3位师长紧急会议，发出了掷地有声的指令：“现情势险恶，吾辈对职责及个人之出路，均应下最大之决心，在事有可为时，须各竭尽心力，以图恢复态势，否则应为国家民族保全人格，以存天地正气。中国军队只有阵亡的军师长，没有被俘的军师长，千万不要由第三军开其端。”随后，他命令以团为单位化整为零，分路突围。与日寇鏖战了一天后，唐淮源身边仅剩几名通信兵和报务员，三次突围未果，退入樊家沟悬山顶土庙内。唐淮源悲愤自己未尽到保卫中条山的职责，有负重托，不甘落入敌手，拔枪自尽。

在中条山战役中，唐淮源等以身殉国的将士书写了抗战史上悲壮的一页。1942年2月，国民政府特颁发褒扬令，追赠唐淮源为陆军上将。1986年6月，经民政部批准，云南省人民政府追认唐淮源为革命烈士。

（十三）郑易里出版《资本论》

1938年，上海发生了我国马克思主义传播史上的一件大事——《资本论》第一个中文全译本问世，马克思用毕生精力完成的这部巨著，首次用中文完整地呈现在读者面前。在战火纷飞的年代，组织翻译出版《资本论》中文全译本的郑易里，是我国著名的编译家、文字学家、科技情报专家。

郑易里（1906—2002 年），原名郑雨笙，玉溪县（今玉溪市红塔区）人。1926 年底，他到日本，考进东京高等工业学校纺织系学习。1928 年回国后，加入中国共产党，并担任云南省委书记王德三的秘书，在云南从事地下活动。1930 年，中共云南省委机关被破坏，王德三等人被杀害，郑易里几经周转来到上海，和他的哥哥郑一斋合作经营“景明号”商栈。1936 年，郑易里成为由中共地下党领导的读书生活出版社的董事长。编译出版马克思、恩格斯的著作，被定为出版社的首要的方针。

1936 年，郑易里与艾思奇合译了苏联米丁著的《辩证唯物论》，改名《新哲学大纲》，出版后受到进步青年的欢迎，先后印刷了 14 版。接着，郑易里同艾思奇、黄洛峰着手《资本论》的翻译出版工作。这在之前，已有多人翻译过《资本论》，但由于这部著作篇幅浩瀚，翻译费时长、难度大，出版商怕担风险等原因，《资本论》一直没有中文全译本面世。这时，黄洛峰、郑易里、艾思奇等了解到郭大力多年来一直在翻译《资本论》，但苦于找不到出版的地方。一边是想找合适的翻译者，一边是在找出版社，双方一拍即合签订了出版合同。为了使没有固定职业的郭大力能够集中精力翻译《资本论》，出版社每月预支 40 元的稿费，作为他的生活费用。不久，王亚南也加入翻译工作。这事当时在出版界不胫而走，有人佩服郑易里他们的胆识，也有人怀疑最终能否成功，但黄、郑、艾 3 人下定决心要完成这一工作。郑易里拿出 2000 元存入银行，作为翻译的基金。

1937 年秋，《资本论》第一卷刚刚译完，就遇上日军攻打上海，郭大力回到老家赣州潜心译书，他和王亚南分别把译完的书稿陆续寄往上海。郑易里一边收集整理译稿，一边用日文版《资本论》校核。上海沦陷后，读书生活出版社总店迁到内地，黄洛峰、艾思奇分别去了重庆和延安，出版社的绝大部分人员先后离开上海。留在上海租界内负责出版社日常事务的，只有郑易里夫妇等几人。

南京等地相继沦陷后，上海租界内暂时出现相对平静的局面。郑易里认为这是一个难得的机会，于是和在重庆的黄洛峰等人商议后，决定在上海出版《资本论》。为了争取在最短的时间内一气出齐三卷《资本论》，1938年4月，郑易里打电报给郭大力，希望他能到上海来，完成全书的翻译和最后的校订，并随时商议、共同处理译稿的排校出版事宜。郭大力安置好家小以后，便立即起程，经由香港辗转来到上海。在一间简陋的房间里，从事最后的翻译、统稿、校订等工作。为了解决纸型和重要资料的存放问题，郑易里还腾出自家的一间阁楼作出版社的秘密库房。1938年8月，《资本论》中译本第一卷终于在上海出版，9月第二、三卷的中译本相继问世。

这时，要把《资本论》从上海运到大后方，十分困难，有2000部运到广州的《资本论》在战乱中全部损失。在考虑到战时途中运输的危险，郑易里和黄洛峰决定在重庆印刷发行《资本论》。郑易里用一个大皮箱带着全套纸型，经香港，辗转越南海防、昆明、贵阳，最后抵达重庆。在重庆，条件不如上海，只能用土纸印了一批内地版《资本论》。当时，延安能看到和学习用的《资本论》就是由读书生活出版社出版的。后来，这个版本又多次在国统区和解放区重印。据不完全统计，该书共重印六七次，发行总量达3万多部，在国内得到了广泛的传播。

郑易里是一个有前瞻性的学者，在中国革命需要马克思主义作指导时，他出版了《资本论》；在中国需要建设人才的时候，他编纂了《英华大词典》。从1947年开始，郑易里和曹成修等人开始编纂《英华大词典》，1950年《英华大词典》出版发行。1964年，商务印书馆约请郑易里全面修订词典。1977年，商务印书馆组成以郑易里为首的班子，组织力量，再次修订该书。1984年新修订的《英华大词典》正式出版，成为当时销量最大、最具权威性的英汉词典。目前，这本词典的销量早已超过100万册。

20世纪70年代，郑易里开始从事汉字电脑编码研究。他应邀参加了国家组织的攻克计算机中文处理的“748工程”。1981年，郑易里主持了“汉字字型信息26键输入编码”研究课题，撰写出论文《从人查字到机器查字》，这篇论文成为中文输入的理论基础，后来产生的各种各样的汉字字型编码都源于郑易里的“字根说”。1987年离休以后，他同女儿郑珑合作进行了“字根通用码”的研究和推广。1990年11月，这一研究通过了技术鉴定，并命名为“郑码”。

（十四）中国大陆最后一战

1950年，解放军在元江阻击国民党军队，双方进行了在中国大陆上的最后一次大规模的正面交锋。

解放军胜利渡过长江后，不到半年就解放了江南地区，国民党企图以大西南为反共基地负隅顽抗。1949年12月9日，国民党云南省政府主席卢汉在昆明宣布起义，驻守在滇南的国民党中央军扑向昆明，妄图占领昆明，挽回局势。进攻昆明失败后，国民党军队撤回滇南。1950年，解放军第二野战军第四兵团从广西南宁地区出发，陈赓司令员指挥十三军及四野三十八军对滇南国民党军队实施大迂回、大包围，阻止其外逃。1950年1月15日，解放军进入蒙自，攻占蒙自机场，封闭了国民党军队的空中逃路。

国民党军队残留在大陆上的最后两个军——

第八军和二十六军被编为第八兵团，在陆军副司令兼第八兵团司令汤尧、第八军军长曹天戈的指挥下，从建水、石屏向元江逃窜，准备经滇南逃到国外。

中共元江县委和元江县临时人民政府立即组织交通沿线人民收藏粮食，将所有船只撤到元江西岸，把沿途村庄的群众疏散到安全地带。同时，派出县警卫队和整训队120余人，与卢汉起义部队保安第十团配合，封锁元江上的所有渡口，并撤掉元江铁索桥上的木板，安排一个排驻守铁索桥，做好了阻击国民党军队的准备。

1950年1月21日，国民党军一七〇师师长孙进贤率领的先头部队到达元江铁索桥，受到守桥部队的阻击。由于敌我力量悬殊，国民党军不到一个小时便占领了铁索桥，我军守桥官兵退至红土坡防线阻击，最后全部牺牲。

孙进贤派人从铁索上爬过江，并用木板铺桥，木板不够就到附近的村庄抢老百姓的门板、床板。孙进贤率3000多人过桥后，因害怕被解放军部队追上，不顾汤尧、曹天戈及数万人的部队还在他们后面，便下令炸毁铁索桥，匆忙分两路向西逃窜。

在元江上演了军事史上“舍帅保卒”罕见的一幕。不过，孙进贤最终也没逃脱被歼灭的命运，在镇沅不得不向解放军缴械投诚。只有从墨江方向逃窜的那部分，逃到了金三角地区。

1950 年 1 月 22 日晚，汤尧等率大部队到达元江东岸，得知桥被孙进贤炸掉，沿江渡口又被解放军封锁，急得暴跳如雷。汤尧当场说：“过江后第一件事就是抓捕孙进贤，就地处决。”

当时的元江水流又急又大，没有桥、船根本无法渡过。国民党军用机枪、大炮作掩护，由工兵抢修铁索桥，并向红土坡、二塘山、玉台寺逃窜。桥还没有修好，解放军野战部队已于 23 日拂晓赶到元江东岸。在边纵部队和地方武装的配合下，解放军经过 3 天 3 夜激烈战斗，全歼国民党军，毙敌 3000 余人，俘虏 1 万余人，俘虏了汤尧、曹天戈等高级将领。至此，滇南大迂回、大包围的战略目标胜利完成，国民党在大陆最后的一支主力部队宣告覆灭。

（十五）纳训翻译《一千零一夜》

在相当长的一段时间内，提起纳训，人们往往会想到《一千零一夜》。纳训的名字和《一千零一夜》密不可分。

《一千零一夜》（又译为《天方夜谭》）是古代阿拉伯民间故事集，被誉为“世界最大奇书”。从1900年开始，《一千零一夜》陆续有多个中文译本问世，不过都是转译自英文或阿拉伯文改编本的故事。纳训是第一个把阿拉伯文原版《一千零一夜》翻译成汉语文本的中国译者。

纳训（1911—1989年），名光政，字鉴恒，回族，通海县人。9岁时到昆明永宁清真寺接受经书并授的教育，后入私立明德中学学习。1934年，纳训等3名学生被母校选送到埃及爱兹哈尔大学留学。在读书期间，纳训开始着手翻译《一千零一夜》。他当时的动机也很简单：给中国学习阿拉伯文的学生做课外读物。他没想到，这部书的翻译会成为他一生的事业。

1940年至1941年，商务印书馆出版了纳训翻译的《天方夜谭》（共5册，50余万字）。1947年，纳训回国，商务印书馆付了他几百元的稿酬。由于通货膨胀，货币贬值，当时这笔稿酬已不够买一张公共汽车票，纳训一气之下，拒领稿酬，第六册的译稿也不再给商务印书馆，甚至赌气“决心从此不再做翻译工作”。

回国后，纳训先后任明德中学教导主任、校长，同时兼任伊斯兰教刊物《清真译报》的主编。1951年，调云南民族学院教导处工作。1954年，纳训应邀参加了在北京召开的全国文学翻译工作会议。会上，他欣然接受人民出版社之约，重新继续翻译《一千零一夜》。1956年，纳训被借调到云南省文联工作。1957年至1958年，人民文学出版社陆续出版了纳训翻译的选本《一千零一夜》（3卷本，80万字）。这套书受到了我国读者的青睐，风靡全国，被多次租版重印或再版。在1949年至1984年间，《一千零一夜》的汉译领域基本被纳训一统天下。这套书的出版为纳训带来了巨大的声誉，奠定了他著名翻译家的地位。

1959年，纳训调到北京，在人民文学出版社编译所工作。他接受了翻译《一千零一夜》全本的任务。他既担心挑不起这副重担，又觉得这是完成全本翻译夙愿的难得机会。他拟定计划，埋头字斟句酌地翻译。在他译完成四、五、六卷的初稿后，遭遇了“文化大革命”，《一千零一夜》被批为“大毒草”，纳训被打成“牛鬼蛇神”，被下放到文化部的“五七”干校——湖北咸宁农场劳动改造。

直到 1973 年，纳训才得以返回北京继续翻译工作。“文革”结束后，纳训正式回到人民出版社工作。1984 年，纳训翻译的《一千零一夜》“全译本”（6 卷，约 230 万字）出齐，这为他毕生呕心沥血致力的事业，画上了圆满的句号。纳训翻译的《一千零一夜》版本之多，印数之大，读者之广，堪称中国第一。

（十六）纳忠致力中阿文化交流

2001 年 10 月 23 日，联合国教科文组织宣布：中国学者纳忠教授和也门诗人马卡莱赫教授获首届沙迦阿拉伯文化奖。对于毕生研究阿拉伯文化、在阿拉伯语教育方面有开拓性贡献的纳忠来说，获得这个奖可谓实至名归，这是在他一生的多个“第一”中的又一个“第一”。

纳忠（1909—2008 年），原名纳寿恩，字子嘉，阿拉伯名叫阿布杜·拉赫曼，回族，通海县人。1931 年经昆明明德中学公开考试，纳忠以优异成绩被云南回教俱进会选中，成为首批中国留埃学生。这年 12 月，经过 41 天的海上颠簸旅行，纳忠抵达开罗，来到伊斯兰世界最负盛名、有千年历史的最高学府——埃及爱兹哈尔大学留学深造。

纳忠起早贪黑，孜孜苦读，每天除了上课、听各种讲演、学术报告外，还常到外校去听大学者和名人讲课。拜访名师是纳忠课外学习的另一条捷径。当时有“埃及歌德”之称的大学者穆罕默德·法里德·瓦吉迪答应辅导纳忠，但他很忙，每天会客的时间也是固定的，纳忠去拜访了几次，都因故未能见面。纳忠发现有腿疾的瓦吉迪每天有独自散步的习惯。一天下午，瓦吉迪从家中出来散步，在大门外等候多时的纳忠鼓足勇气走上去，有礼貌地叫了一声“大师”，并上前搀扶他。瓦吉迪很高兴，同意纳忠提出的每天陪他散步的请求。从此，纳忠每天利用这段时间向瓦吉迪求教，一直持续了一年多。有了名师的开启，纳忠领悟到了阿拉伯思想文化的真谛。1936年，纳忠通过了严格的考核，获得了爱兹哈尔大学自中世纪以来就实行的旧学制的最高文凭——“学者”证书。由于爱兹哈尔大学次年废止了这项旧学制，纳忠是该校历史上第一个，也是最后一名获此证书的中国留学生。接着，纳忠考进该校的研究院，专攻阿拉伯历史与伊斯兰文化。

1940 年，纳忠结束留埃生涯，回到了正受战火蹂躏的祖国，他做的第一件事是主持恢复了母校明德中学。1942 年底，纳忠来到重庆，被中央大学特聘担任历史系教授。翌年，在中央大学首次教授阿拉伯语，并编写出第一本阿拉伯语教材。1945 年，首次在中央大学本科开设伊斯兰历史及文化课程。1947 年，应云南大学校长熊庆来的再三邀请，心系家乡的纳忠辞去中央大学教席，回到昆明，在云南大学历史系任教。

1956 年 5 月，中国与埃及建交，外交部四处寻找懂阿语及研究阿拉伯历史文化的人才。1958 年，在周恩来总理的直接过问下，纳忠被调到北京外交学院，创办阿拉伯语专业。纳忠到外交学院后，一切从头开始，没有教材，自己编印；缺乏地图，自己画。他讲课不看讲稿，听过他讲课的人都佩服他惊

纳　忠

人的记忆力。他编写了《阿拉伯语课本》《阿拉伯语语法》等教材，为外交战线培养出一批批阿拉伯语人才。1962 年，外交学院阿语系合并到北京外国语学院（今北京外国语大学），纳忠任阿拉伯语教授、亚非语系主任。他主编了《阿拉伯语》（10 册）和《基础阿拉伯语语法》（4 册），该系列教材被全国各类阿拉伯语院校采用。1981 年，纳忠成为我国第一位阿拉伯历史、文化专业的博士生导师。

教学之余，纳忠酷爱阿拉伯伊斯兰历史文化研究。他以“学者的墨水甚于殉道者的鲜血”为座右铭，笔耕不辍，编写出版了《阿拉伯通史》《传承与交融——阿拉伯文化》等论著、译著 20 余部，论文 200 余篇，著述等身。他主编的教材以及译著、专著已成为阿拉伯语教学和阿拉伯伊斯兰文化研究领域首屈一指的重要文献。对阿拉伯伊斯兰文化锲而不舍的研究，使纳忠成为中阿文化交流的友好使者。

（十七）杨国祥带着核弹着陆

1967 年 6 月，我国第一颗氢弹试爆成功。我国接着又进行较小型氢弹引爆弹原理性试验。

1970 年，中国人民解放军空军某部团长杨国祥被确定为驾机甩投核弹主飞行员。

杨国祥出生于玉溪属的一个彝族山村，1949 年参加滇中游击武装，曾任滇桂黔边纵独立团骡马运输队指导员。1950 年 6 月被选送到解放军第七航空学校学习飞行。1965 年，杨国祥被空军党委任命为主试飞员，经历了 200 多架次高风险、高难度的试飞。

1971 年 12 月 30 日，按照国务院、中央军委的命令，杨国祥驾专门改装的特种飞机，携带试验的核炸弹从某基地起飞，飞向核试验场。在这之前，杨国祥已经使用和试验弹重量尺寸一样的模型弹，练习了 200 多次投弹。在距离靶标 9 千米时，按照指挥部的命令，杨国祥用力按下投弹电钮，并迅速掉转机头往回飞。然而，意外发生了，挂在飞机腹部的试验弹没有按预先计划的那样投出去。杨国祥立即迅速检查了所有电门开关，证明操作无误。在得到指挥员同意后，杨国祥再次飞向目标，按下应急开关，可试验弹仍没投出。第三次再投，按下超应急开关，仍没成功。

此时，飞机上的油料只能飞 30 分钟了，已不允许第四次进入投弹了，杨国祥有 3 种选择：跳伞弃机，让飞机坠毁在实验场周边的沙漠里；将飞机迫降在戈壁；将飞机开回基地。前两种可保证基地的安全，但核弹投不下的原因找不到，这一试验不知将要推迟多少年。然而，第三种选择非常危险，空军的安全条例有“禁止带弹着陆”的规定，更何况这次携带的是威力巨大的核弹，飞机着陆时悬挂在机腹下的核弹离地面仅仅 10 厘米高。但是，对核弹研制来说，这一选择却万分值得。“突破禁律，带弹着陆”是这次试验的预案之一，为防止着陆时核弹掉在地上，飞机还装有锁死装置。

在北京的周恩来总理获悉情况后，用命令的口气对他的秘书说：“由现场指挥员临机处置，怎么安全怎么办！情况这样紧急，不能由北京决定了。”杨国祥向指挥部请求“带弹返航”。指挥部做出飞机按原有的预定方案带弹返航着陆的决定，塔台指挥员宋占元命令杨国祥使用锁死装置，把核炸弹牢牢锁死在飞机弹舱，并命令他带弹返航着陆。为防止意外，除留下塔台指挥宋占元等 2 人外，核试验指挥部命令机场和基地的所有人员都进入地下工事。

杨国祥冷静地关掉不必要的电门开关，凭借丰富的飞行经验，准确地完成了每一个着陆动作，安全地将飞机平稳地落地后滑到机场边远地方停稳。

研制试验人员连续几天不分昼夜分析、测量、试验，终于查出了投掷失败的原因。杨国祥驾机又进行了一次甩投训练弹和一次甩投模拟弹的飞行训练，两次均成功。1972 年 1 月 7 日，杨国祥再次驾驶着携带核弹的飞机，直飞核试验场。在距离靶中心 9 千米时，他完成了一系列投掷前的准备动作，果断地按上电钮，核弹按照预定设想和飞机分离。杨国祥急忙戴好防毒面罩，关闭座舱防护罩，加大速度向安全区飞去。他看到了非常大的火光，感觉到飞机就像一条小船在大海里颠簸一样，之后看到空中升起的蘑菇云……试验取得了圆满成功！

杨国祥

四、文化概览

（一）历史文化

玉溪，滇中名城，素有“一地四乡”之美誉。玉溪境内山川秀丽、湖泊众多，气候温暖、物产丰富，历史悠久、文化多元，被冠以“生命起源地”、“云烟之乡”“花灯之乡”“聂耳故乡”“高原水乡”等美誉。

玉溪被誉为“生命起源地”。早在远古时期就有人类繁衍生息在这片土地上。澄江帽天山古生物化石地被国际科学界誉为“古生物圣地”“二十世纪最惊人的发现之一”“世界级的化石宝地”，2012 年，被正式列入世界自然遗产名录。这也是中国第一个化石类世界自然遗产。

玉溪是著名的“云烟之乡”。1953 年，玉溪生产的烟叶，在全国第一次烤烟工作会上，得到了 108 分的高分，比 100 分的满分还要高，名列第一，从此“云烟之乡”开始声名远播。20世纪70年代，玉溪人用20年的时间艰辛创业，创造出中国第一利税大户玉溪卷烟厂和中国第一品牌“红塔山”。

玉溪是“花灯之乡”。这是一种源于民间“社火”中的小调演唱、歌舞表演，在清末时发展为包含小曲、花灯歌舞、花灯小戏等多种表演形式的民间艺术。后受滇剧影响，吸收民间唱本及其他剧种剧目，编演剧目，使花灯向戏剧化发展。2006年，玉溪花灯被列为第一批国家级非物质文化遗产保护名录。

玉溪是“聂耳故乡”。21世纪的中国，玉溪人聂耳（1912—1935年）与中华民族的命运紧紧联系在一起，他创作的《义勇军进行曲》在中华民族处于最危急的时刻，喊出了民族奋争和解放的最强音，新中国成立后被定为《中华人民共和国国歌》，把聂耳永远留在中国人民的心中。《国歌》写入宪法，又使《国歌》真正有了与国旗、国徽相同的宪法地位，也使一个人民音乐家超越了时代。聂耳23岁的生命虽然短暂，却把青春永久定格。聂耳是全国人民的骄傲，更是故乡玉溪人民的自豪；聂耳属于玉溪和云南，更属于中国和世界。

玉溪是“高原水乡”。抚仙湖、星云湖、杞麓湖“三湖”成趣，华宁泉、易门水成欢，玉溪的水玲珑而透彻，可濯尘更可濯心，自古就得到了众多域外人士的青睐。明代被贬谪到云南的著名文学家杨慎（字升庵），游历玉溪山水，他陶醉于玉溪山水和名胜古迹，每到一地必赋诗题联。最为著名的是他曾为云南高原湖泊抚仙湖题诗：“澄江色似碧醍醐，万顷烟波际绿芜。只少楼台相掩映，天然图画胜西湖。”明代地理学家徐霞客曾游历玉溪多地，在饱览了名山大川后，对抚仙湖发出了由衷赞叹：“滇水唯多土，故多壅流而成海，而多流浑浊，唯抚仙湖最清。”

玉溪历史文化源远流长，是古滇国文化的发祥地。考古发现，距今 6000 至 5000 年前，辗转流徙于抚仙湖、星云湖、杞麓湖和元江流域的先民们逐步步入新石器时代，他们留下了代表文化印迹的磨制石器、陶器和岩画。早在商周时期，我国西南地区古老的少数民族——百濮就生活在滇中地区。玉溪开发较早，先秦属古滇国地。在公元前 280 年至 276 年之间，楚国大将庄蹻带领部队沿今南盘江，进入云贵高原腹地，最终驻留云南，自立为王建立古滇国，史称“庄蹻入滇”。据《史记》记载，汉武帝派兵平夜郎国后，设牂牁郡，收降滇王后，设益州郡；玉溪所在的滇中地区，在西汉版图上分属益州、牂牁，玉溪由此开启了中央政府在滇中腹地设置郡县制管辖的历史。汉武帝元封二年（前 109）在玉溪置俞元县。三国魏晋时期，古滇国土崩瓦解，蜀汉时玉溪为建宁郡俞元县地。唐朝玉溪为南诏所统治。公元 960 年，通海节度使段思平在三十七部乌蛮的帮助下，起兵秀山，灭大义宁国，建立大理国，玉溪为大理国所辖。大理国与宋朝相始终，后为元世祖忽必烈所灭。元朝在云南实施行省制度，从此有了“云南省”的说法，玉溪所在滇中地区正式归入云南省。元亡明兴后，取而代之的是云南布政使司。明洪武年间在云南推行屯田制度，屯民来自江南、湖广地区，这也是云南历史上第一次大规模的移民潮。玉溪七县二区，除元江、新平、峨山外，为当时主要的军屯、民屯地区。大量的移民进入玉溪地区，带来大量的劳动力、先进的生产技术。明清时期，中原文化在玉溪兴盛；

各地兴建文庙，昌盛教育。儒家意识形态取得统治地位，宗法体系和典章制度基本建立，各地孔庙和官学兴起；诞生了雷跃龙、赵士麟、阚祯兆、周於礼等一批在当时有影响的文人学士，推动了诗词文学、书法绘画的繁荣发展；军屯、民屯的移民文化与当地文化相融合，演化出善书、评书、渔鼓、洞经、关索戏等曲艺形式，并进而发展成为有影响的花灯、滇剧等戏剧表演艺术；陶瓷烧造、木石雕刻、金银首饰、剪纸刺绣等民间工艺日渐成熟，出现了玉溪窑、华宁陶、易门陶瓷等陶瓷工艺和高应美等工艺大师；佛寺等兴起推动了建筑的发展，兴起了通海秀山古建筑群（国家级文物保护单位）、玉溪九龙池古建筑群等一批古建筑。

玉溪历史文化的代表——古滇文明，是中华民族历史文化宝库中一颗璀璨的明珠。古滇国发迹于抚仙湖、星云湖一带，随后向滇池周边发展。最终古滇国又在星云湖沿岸消亡。而玉溪的“三湖”地区，也就是当时古滇国的统治中心。玉溪市境内的易门、红塔区、江川区、澄江县都是古滇国统治的核心区。20 世纪 70 年代，江川县李家山古墓群被发掘。经考古发现，李家山墓地是古滇国时期除昆明晋宁石寨山滇王墓地以外，规模最大、出土文物最丰富的古墓群，时间从战国后期一直延续到东汉初。古滇文明，是玉溪古代文明的见证、云南各族人民的宝贵历史财富。

玉溪人物众星闪耀。三国时期澄江人李恢，为建立和巩固蜀汉政权的稳固，发挥了重要作用。他曾说降名将马超归顺刘备，并任统帅平定南中，被封为汉兴亭侯加安汉将军。《三国志》称他“公亮志节”。明朝玉溪进士陈表，明嘉靖年间任浙江道监察御史，秉公办事，不徇私情，激浊扬清，被誉为“铁面御史”。罢官回乡后兴办州学、兴修水利，为百姓爱戴。明末清初澄江人赵士麟官至左副都御史，他关注台湾的善后和国家统一，上奏《台湾善后疏》，提出对台湾治理的精辟见解，深得康熙的赞许并被采纳，最终圆满解决了台湾问题，实现了中国领土的统一完整。继任浙江巡抚后，赵士麟又呈交了《舟山复事宜疏》，提出放开海禁，移内地之民入舟山群岛垦荒屯田，派兵镇守，以绝日本侵略者和西方殖民者的窥伺与垂涎。1911 年，辛亥革命彻底改写了中国历史，结束了中国长达两千年之久的君主专制制度，当时云南是国内较早和西南地区最早响应武昌起义的省份。1911 年 10 月 30 日滇军将领蔡锷、唐继尧在昆明举行武装起义，宣布云南独立，史称“重九起义”。它不仅推翻了清朝在云南的统治，发展和巩固了武昌起义的成果，还为后来的护国、护法运动奠定了基础。“重九起义”中崛起的玉溪将军群体，在其中立下了不朽功勋。他们是当时在云南陆军讲武堂任教官的罗佩金（玉溪市澄江县人）、李鸿祥和谢汝翼（均为玉溪市红塔区人）、郑开文（玉溪市通海县人）；学员范石生（玉溪市峨山人），金汉鼎、唐淮源、鲁子才（均为玉溪市江川区人），张效巡（玉溪市红塔区人）。他们几乎扛起滇军半壁江山，在民族危亡关头挺身而出、奋勇血战，不惜以身殉国，用铮铮铁骨开创了玉溪人“为国干城”的历史佳话。抗日战争中，玉溪市虽远离战火，但却与全国人民同呼吸共命运。无数来自滇中的英雄儿女随抗日队伍奔赴战场，江川人唐淮源毕业于云南陆军讲武堂，参加过重九起义、护国运动、北伐战争等，抗战中任第三军军长，在山西中条山战役中身先士卒，壮烈殉国，是牺牲在抗日战场上的级别最高的将领之一。

玉溪文化顺应历史，厚积薄发。郑易里是我国著名的翻译家和中文信息处理专家，是第一个组织翻译出版《资本论》和主编《英华大词典》的人，同时也是“电脑汉字拆根编码”研究的创始人、《字根通用码》（郑码）的发明人。戴永年是云南第一位获得中国工程院院士称号的专家，是中国第一位探索“真空冶金之梦”的先驱者。纳训是我国著名的阿拉伯文学翻译家，他所翻译的世界文学名著《一千零一夜》，是中国最早的、直接译自阿拉伯原文的全译本，是中国文学翻译史上的一座丰碑。纳忠是我国著名的阿拉伯历史史学、阿拉伯语教育家、研究阿拉伯伊斯兰文化的著名学者。

玉溪古建筑、匾联、雕塑、题刻等珍贵文物，分布广、数量多。澄江帽天山古生物化石的成功入选世界自然遗产名录；江川李家山、澄江金莲山古滇国墓葬群、江川甘棠箐旧石器遗址先后入选全国十大考古新发现，在云南乃至世界青铜史、旧石器文化史上占有极高的地位；通海秀山古建筑群荟萃了元、明、清三个朝代的古建筑，以“秀甲南滇”而“冠冕南州”。在全国第一次可移动文物普查中，全市已登录藏品 37166 件（套），其中珍贵藏品 4802 件（套）。

玉溪文化事业在社会主义建设和改革时期快速发展。玉溪地区京剧团、滇剧团和花灯团先后成立，覆盖全区城乡的文工团、剧团、文化馆、图书发行、电影放映机构先后建立起来。玉溪市积极争创中国楹联文化县（区），全市 9 个县区已全部获得“中国楹联文化县（区）”称号，玉溪成为全国第三个“中国楹联文化县（区）”全覆盖的地级市。同时，通海一中、玉溪三中、元江第四小学等六所中小学校获得“中国楹联教育基地”称号，为丰富广大群众文化生活、传承和弘扬中华优秀传统文化、提升城市品位做出了巨大的贡献。通海县荣获“中华诗词之乡”的美誉。

玉溪全力打造聂耳文化品牌、弘扬聂耳精神，成为践行社会主义核心价值观的具体实例。2004 年 5 月 25 日，云南聂耳音乐基金会正式成立。2005 年起，玉溪市委、市政府把每年的 7 月 17 日至 19 日确立为“聂耳纪念日”，举行各种纪念、研讨活动；改造和更名、命名了“聂耳音乐厅”“聂耳剧院”“聂耳艺术学院”“聂耳小学”“聂耳路”等，组建了“聂耳民族乐团”“聂耳竹乐团”；新建聂耳文化广场、聂耳音乐广场。2008 年 11 月 19 日，以“聂耳”命名的标志性文化设施——聂耳纪念馆主体建筑群正式落成，并成为云南爱国主义教育基地。

（二）非物质文化遗产

玉溪文物保护工作成效显著，民族民间文化得到传承发展。市委、市人民政府把挖掘整理民族民间文化，作为弘扬中华传统优秀文化的基础性工程，出版了《玉溪滇剧》《玉溪花灯戏》《玉溪民族民间工艺美术篇》《玉溪节庆篇》《玉溪民俗篇》等玉溪非物质文化遗产丛书，在传承和保护文化遗产中，增强全市人民的文化自信、自觉和自豪。全市共有各级文物保护单位 262 项，其中国家级 6 项（江川李家山古墓群、通海秀山历史文化公园、新平陇西世族庄园、玉溪文兴祥商号旧址、玉溪窑址、澄江金莲山），省级 23 项，市级 53 项，县级 180 项；被列入国家级“非遗”名录项目 6 个（玉溪滇剧、玉溪花灯、通海高台、通海妙善女子洞经、澄江关索戏、元江哈尼族棕扇舞），省级 25 个，市级 187 个。

1. 玉溪花灯戏（国家级）

玉溪花灯在全市普遍流行，尤以红塔区为盛。玉溪花灯按形成时间分为“老灯”和“新灯”。“老灯”是明清以来逐步形成的，源于民间“社火”中的小调演唱、歌舞表演，清末发展为包含小曲、花灯歌舞、花灯小戏等多种表演形式的民间艺术。辛亥革命后，受滇剧影响，部分玉溪花灯艺人吸收民间唱本及其他剧种剧目，编演剧目，使花灯向戏剧化发展，此种花灯被称为“新灯”。此后，“新灯”在昆明、玉溪等地获得进一步发展。1937 年随着“农民救亡灯剧团”的演出迅速流播全省，以“抗战花灯”写下云南戏剧史上光辉的一页。新中国成立后，玉溪整理改编了一大批优秀的传统花灯剧目，并创作剧目 100 余个，其中大多是反映现代生活题材的。现在共有传统和现代新创剧目 300 余个。

2. 滇剧（国家级）

滇剧传播到玉溪大约在清道光、咸丰年间。民国初期，玉溪各县陆续出现了云仙茶园、新生俱乐部、雅集社等滇剧班社。1918 年，玉溪瓦窑村人罗香圃在昆明接办滇剧班社“群舞台”，汇集了当时大部分滇剧名角，纵横昆明滇剧届 20 多年。20 世纪 30 年代，上海百代公司曾力邀一批滇剧名角赴上海录制唱片，而玉溪人罗香圃、周锦堂、汪润泉、张吟梅等人也在被邀之列。中华人民共和国成立后，玉溪各地先后建立了滇剧表演团体，挖掘、整理传统剧目。改革开放后，玉溪市滇剧团整理和改编传统戏，吸纳其他剧种优秀剧目，涌现出一大批精品剧目，《朱德与唐淮源》《京娘》《西施梦》等剧目夺得“五个一工程奖”“曹禺戏剧奖”“白玉兰”等奖项，演员冯咏梅摘取了中国戏剧梅花奖。

3. 棕扇舞（国家级）

棕扇舞是哈尼族所喜爱的具有悠久传承历史、最有代表性、全民性的传统舞蹈。在哈尼族的“昂玛托”“苦扎扎”“十月年”等传统节日，以及“莫搓搓”葬礼等人生礼仪活动中，哈尼族都

棕扇舞

要跳棕扇舞。棕扇舞广泛流传于玉溪市的元江县羊街乡、那诺乡、咪哩乡等哈尼族聚居的乡镇。棕扇舞的起源上限已无从考证，有据可考的是，在明朝天启《滇志》、清朝康熙《元江府志》、清朝乾隆《开化府志》等汉文方志中都有棕扇舞的记载，说明棕扇舞距今至少已有400多年的历史。现在流传的棕扇舞套路有60多种，舞蹈多用腿部颤动、起伏开跨及大小手臂的甩转等动律。女子的舞步以“猴子作揖”“鹭鸶寻鱼”“老鹰叼小鸡”为主，男子多用“老熊搂腰”“老熊洗脸”“猴子搂腰”等动作。舞蹈的伴奏乐器主要是牛皮鼓、铓、钹、唢呐、三弦等。伴奏音乐大致分为自由伴奏、打击乐伴奏、自由伴唱、唢呐与打击乐伴奏等类型。棕扇舞的伴奏气势磅礴，动作朴拙厚重，彪悍风趣，是哈尼族民族性格的体现。

4. 澄江关索戏（国家级）

关索戏是流行于澄江县阳宗镇小屯村的一种古老而稀有的剧种，有戏剧“活化石”之称。关索戏专演三国故事中的蜀国戏，以歌颂刘备、关公、张飞等蜀汉人物的功绩为主线编剧目，如：《花关索战山岳》《三娘公主战》《肖龙战黄忠》等。

关索戏无复杂的器乐伴奏，只需敲锣、打鼓即可。唱中有白，白中有唱，唱、白都用本地方言，唱腔、

关索戏

曲调主要有长板、短板、报信板、七字板、大刀腔等，转板换调均用锣鼓指挥。行当只有生、旦、净三行，而旦角仅有鲍三娘、百花公主2人，且为男扮女装。演员不用擦胭脂抹脸谱，而是戴面具。在演出前，要举行“祭药王”“踩村”“踩街”“踩家”等仪式。按老规矩，关索戏是演三年停三年，现在这种演出习俗已经改变，近年来每年春节期间都在本村和外村演出，县上举办重大活动时也可随时调演。

5. **通海高台（国家级）**

据《通海县志》记载：通海高台明代从江南传入，清代中期兴起，到民国时期，通海县分别有县城、河西、七街、杨广四个高台会。通海高台是可移动的舞台艺术，是一个戏剧或故事的浓

缩体。高台一般以一个 1—2 米见方的木抬架和一根 3 米左右的特制弯曲铁杆为主干。其制作以戏剧、故事为题材，按故事情节需要，用布景道具将铁杆巧妙地装饰成龙、蛇、鸟、鱼等动物或云、树、石等景物，同时将扮演各种戏剧人物角色的儿童，分层次设座于上，再用服装道具巧妙掩饰。扮演的小孩好像是站在云、树、龙、蛇、兽、鱼、鸟之上，或坐卧于宫、院、器物之中，形象生动，妙趣横生，具有“高、险、奇”之特点。每年正月间，各高台会都要组织 12 台（闰年 13 台）的高台迎展，为当地百姓增添欢乐气氛。

高台彩扎工艺展示

6. 妙善学女子洞经音乐（国家级）

通海洞经音乐兴起于元代，创立于明朝初年，兴盛于明末至清朝。明朝的万历时期，通海人大音韵学家和音乐理论家葛中选创建组织了名为“雅乐社”的古乐团体，所著《泰律》一书被同辈称为“千古不传之迹”。清康熙晚期至乾隆年间，通海的洞经班最早为“朝山会”，之后是“桂香会”，曾有“冠冕南州”之誉称。清同治、光绪至民国时期，又先后出现了五圣会、同文会、圣文学、振文学、兴文学、崇圣学、妙善学等10多个洞经会乐社组织，一些乡镇也有若干类似的组织。妙善学是云南第一个女子洞经乐社。

通海洞经音乐曲调典雅，旋律优美，节奏鲜明，飘逸空灵，分为“经曲”（演唱经文诗赞的曲调）和“曲牌”（纯器乐曲）2大类，至今尚保存着完整的曲调47曲。经曲先以《大洞仙经》等道家经文演唱，后逐渐改填唐诗宋词，并借曲牌名以冠之，如《一江风》《蓬莱宫》《小桃红》《新荷叶》《河南怨》《功课》《仙家乐》《老羊调》等。为了保护和传承处于濒危状态的洞经音乐，2000年，通海县成立了“通海古乐团”；2013年，成立通海洞经音乐传习馆。

7. 省级名录

玉溪现有省级非物质文化遗产20个，分别是：花腰傣族传统制陶技艺、花腰傣族服饰、花腰傣族人生礼俗、傣族叙事长诗《朗娥与桑洛》、通海滇南石狮、新平戛洒镇大槟榔园村傣族（花腰傣）传统文化保护区、通海高跷舞狮、新平花街节、华宁陶制作技艺、红塔区米线节、易门浦贝陶制作技艺、江川安化彝族撒弦乐、易门县小街乡歪头山苗族舞蹈跳三桩、峨山花腰彝族服饰、峨山彝族花鼓舞、峨山彝族花鼓舞之乡、通海及峨山彝族四腔、新平彝族烟盒舞、通海者湾书画之乡、玉溪竹乐器制作技艺。

（三）节庆文化

滇中的玉溪，碧玉清溪，温婉如玉。山禅而内敛，水秀而沉静，一切都在富足、休闲中，被定义为生态宜居的城市。新年伊始，龙腾四海，玉溪各地洋溢着节日的喜气。随着农历春节到来，富有玉溪地方文化特色和民俗的节庆活动接踵而至。节庆活动令人眼花缭乱，其中所蕴含的民俗风情沉淀了数百年，是地方历史文化的缩影。这带给我们的不仅是一个个精彩纷呈、令人难忘的好日子，更唤醒了附着于我们每个人身上的文化符号，生于斯、长于斯，定深深眷恋着乡土。

1. 峨山开新街

峨山是新中国第一个彝族自治县。每年随着春天的脚步悄悄临近，清冷的空气里就开始迷漫着油菜花绽放的清香。一片片的金黄色油菜地点缀在山野间，娇羞地为大地涂抹上暖暖的温情。也就在这时，生活在峨山的彝族同胞们已开始准备着开新街时要舞动的长龙了，把往年的龙架扫去尘灰，换上全新的龙衣，给龙头重新点睛。虽然历经了一个长长的冬天，但彝家人钟爱的三弦琴、四弦琴和花鼓却从未歇息，迫不及待地要在春天的第一个节日里亮相，拨动琴弦、敲击鼓槌，带起欢快的舞步。

开新街，是彝族人民一个非常重要的节庆活动，定期在每年春节后的第一个街子天举行，这也是当地群众进行物资交流、展示民族民间文化的重要节日，其中在峨山县富良棚、塔甸等地的“开新街”最为隆重。当地人把龙作为一种图腾，因祭拜龙而风调雨顺，因男女老少会舞龙而成为名扬千里的“舞龙之乡”。花鼓作为欢庆丰收和欢庆喜事时必需的乐器，女人们身着民族盛装，打起腰鼓跳起舞，花鼓飞花，舞出一道美丽风景线。

节日这天，方圆十里八乡的彝家人身盛装出行，弹着三弦、舞着长龙、打着花鼓，成群结队地从附近的村子赶来，欢聚在乡镇所在地。白天举行龙鼓舞闹新街、舞龙大赛、斗鸡表演、文艺大联欢等丰富多彩的民俗节庆活动；夜幕降临后，彝家儿女燃起熊熊篝火，围着火堆弹起三弦，跳起大娱乐，唱起彝家小调，舞姿奔放、情意绵绵……

在这个春花烂漫的美好日子里，峨山各地的油菜“花海”与节日的喜庆同时盛放，彝家人舞动长龙在乡间大道上穿行，在油菜花地里跃动，彝歌嘹亮、彩龙飞舞、花鼓震天，表达的是彝家人祈求新的一年风调雨顺，五谷丰登，人畜平安的美好愿望。花海人海欢天喜地，载歌载舞美不胜收，把春天闹腾得多姿多彩。

2. 峨山火把节

彝家人的舞步是歇不下来的，从春天舞到夏天，从开新街跳到火把节。奔放、快乐的舞步在城市乡野间衣袂飘飘、从容不迫。

彝族是一个崇拜火的民族，盛夏时节最能与这个民族豪放激情般配的节日，就是每年农历六月二十四日的传统火把节，这是彝族群众最盛大、最神圣的节日。随着鼓乐铿锵、圣火熊熊，峨山彝族的火把节也点燃了玉溪人的澎湃之情。

每年火把节，峨山各地村寨的彝族群众都会聚集到塔甸镇的大西山取火种，在朗日晴天下举行庄重而神圣的钻木取火仪式，以示对祖先的尊敬。据考证，中国第一部彝族“取火经”就诞生在这里。

取到火种后，在当地有威望的毕摩和族人的引领下，圣火有序地在全县的8个乡镇间传递。直到晚上，圣火到达峨山县城民族团结广场，点燃了广场中央的巨型火把，而后宾客手中的一个个火把也相继点燃，远望星星点点，仿佛浪漫银河；近看火焰浮动，汇成盛情“火海”。来自四面八方的群众和游客在火把的召唤下，踏着歌曲“想你是挝啰，爱你是挝啰”粗犷的节拍，围着

峨山火把节

篝火狂欢起舞。上千人的篝火大狂欢跳得地动山摇，人们脚上踩的，仿佛不是舞步，而是不羁的灵魂在跃动。电开双臂，让身体与乐音酣畅淋漓触碰。

从此刻起，为期3天的火把节狂欢，就这样在星空下、天地间拉开了帷幕。

节日期间，峨山当地丰富的文艺表演也来为节日助兴，唱响高亢的四腔、山药腔，跳起奔放的烟盒舞、花鼓舞，撼山动地摇摆起来、旋转起来……这一刻，每个游客都会情不自禁地成为快乐、爽直、自由自在的彝家人。

3. 新平花腰傣花街节

在新平县，一个如水般温婉柔美的民族——花腰傣，让自己的节日——花街节在轻歌曼舞中充满了柔情蜜意，成为年轻人谈情说爱的大舞台。

花街节游演

红河蜿蜒

前行，进入新平县境内，冲刷出一马平川，波平浪静。红河两岸，哀牢山下，正是新平花腰傣主要聚居地——戛洒、漠沙、水塘等乡镇。这个逐水而居的民族，有着水一样的柔情，他们表达含蓄深远的情愫也就显得神秘而柔美，并由此产生了一个特别的节日——花街节。

新平花腰傣的赶花街是青年们相互认识、谈情说爱、挑选情侣的盛会，被称为“东方情人节”。节日期间，姑娘小伙盛装出行，姑娘们三五成群，在大青树下把心爱的东西从秧箩里取出，摆放在自己面前，小伙子从姑娘面前走过，若是有意，会从姑娘摆放的绣花物中取走荷包、手帕，姑娘则会起身跟随而去，两人步入翠竹林间、芒果树下，谈情说爱。姑娘还会从秧箩中取出准备好的腌鸭蛋、干黄鳝、糯米饭，亲手喂给小伙子吃，表示两情相悦，终身已定。入夜，月上竹梢头，年轻人的游戏还在上演，月下的“照电筒”恋爱，在路上、竹林里、田埂上，时隐时现的闪动的电筒光，那是热恋的青年男女在诉情达意……

花腰傣的花街节，各地不一，有的地方一年赶两次，一次在农历正月十三，称为“小花街”“上花街”；农历五月初六称为“大花街”“下花街”。这个年轻人唱主角的节日，却引来老老少少的齐欢乐共舞蹈。节日里，各家各户杀牛杀猪，祭拜先祖，宴请亲朋好友。由此成就了别具特色的花腰傣美食。

富有情调的赶花街、“吃秧箩饭”成为外地游客向往的节日的重头戏。花腰傣女子的轻步曼舞，闲婉柔美，在她们的足之舞之蹈之里，志在表现哀牢山的巍峨之势，意在舞出红河水的浩荡之情。而风姿绰约的花腰傣民族服饰、山清水秀好风光的哀牢山呈现的则是原生态的人文之美、自然之美。“风情花腰傣，神秘哀牢山”，融合了丰富的生态资源和深厚的人文底蕴的花腰傣，作为新平最具魅力的文化名片，正以自己独有的优势与魅力走向全国，走向世界。

4. 元江哈尼族十月年

初冬时节，清冷的气息里，一声声温暖的呼唤，从元江哈尼山寨里传插而来。带着梯田秋收后的富足安康，带着高山云海的风起云涌，一个只属于哈尼族的长街盛宴，即将拉开帷幕，“十月年”如期而至。

哈尼族的历法以十月为岁首，所以每年农历十月的第一个属龙日要过“十月年”。十月年，是哈尼族的主要节日，哈尼语称“美首扎勒特”或“米索扎”，历时五六天，是哈尼族一年里时间最长、内容最丰富的节日，类似汉族的春节。节日期间，各家各户要杀猪杀鸡、舂糯米粑粑，以祭祀天地、祖先。

放下了一年的辛劳，团圆的日子里怎么能少了美食佳肴的锦上添花呢？整个哈尼山寨都已行动起来，女人们把房前屋后打扫得干干净净，家家户户忙着舂粑粑，做团籽面。男人们忙着杀猪宰牛，烹制各种美味食品。男女老少穿上崭新的民族服装，姑娘们头上、新衣上缀满了闪闪发光的银泡、银链、银牌，随着步子叮当作响，把所有美好的想象全都散在风中。

寨子广场上架起了高大的秋千，荡秋千代表着年轻人的冲动与勇敢，矫健的身影伴着欢声笑语与无邪青春随着秋千的摇摆成为蓝天下山野里最自由的精灵，他们在传统的游戏打陀螺、摔跤里，放任着个性的奔放纯朴；入夜，草坪上燃起熊熊篝火，人们围火而歌，围火而舞，敲响铓锣大鼓，弹起三弦、四弦，跳起棕扇舞，男女老少载歌载舞，通宵达旦，歌声、鼓声飘荡在山寨的夜空。

哈尼族素来好客，十月年期间会邀请远近的亲朋好友上家里做客，即使是过路的陌生人也会受到热情款待。节日里的高潮，是举行欢乐幸福的酒会“资乌都”活动。各家各户将烹制好的各种美味佳肴用小簸箕端到街心，顺序摆在长长的篾垫上，菜做得越香越多越好，主人就觉得越体面、越自豪。所以，家家户户的菜都做得特别丰盛、特别好。一家一户摆出的桌宴，凑成一堂宴席，全寨人同饮共食。通街宴长达百十米，远远望去像一条长龙，特别热闹壮观，也称为“街心宴”“长街宴”。

长街宴，长上天，就像当地勤劳善良、能歌善舞的哈尼族开垦出的梯田，延绵于群山上，山水有多高，梯田就有多高。哈尼族凭借自己的智慧和经验，把一座座大山开垦成了直达天际的梯田，并创造出独具特色的梯田文化。浩如烟海的生产歌、祭祀歌、习俗歌、情歌，古朴雄浑的棕扇舞，与这个民族绵延的生命力一同永流传。

5. 通海蒙古族那达慕

700 年前，他们从内蒙古高原远道而来，跋涉千山万水，一路放声歌唱，跳下驰骋的战马，脱下长袍，马放南山，刀枪入库。从此，他们在水草肥美的杞麓湖畔安家落户，依然情歌飞扬，美酒飘香，但不再跃马奔腾，而是渔舟唱晚、耕耘阡陌，从牧民变为渔民、农民，在滇中续写蒙古族迁徙的历史新篇章。

数百年的入乡随俗，落籍在通海县兴蒙乡的蒙古族，与当地各民族和谐相融，开始谱写崭新的生活劳动之歌。虽然没有自己的文字，但却保留了自己特有的民族语言“卡卓语”，一脉相承的是当地的蒙古族每年也会举办那达慕盛会。

那达慕是蒙古族古老神圣的传统节日。那达慕是蒙古语的译音，意思是“娱乐”“游玩”，是适应蒙古族人民生活的需要而产生的传统体育活动形式。它在蒙古族人民生活中占有重要的地位，有着悠久的历史。兴蒙乡从1979年开始举行那达慕活动，在每年的12月举行，内容主要有耍龙灯、虾灯、跳蚌壳、划旱船等文艺表演。近年来恢复了草原那达慕的摔跤、赛马、射箭等民族传统项目。节日期间，按照传统习俗，各村杀猪宰羊，开怀畅饮，唱起蒙古族《祝酒歌》，夜幕降临时，男女青年纵情跳舞唱歌，通宵达旦。

古人云：诗心安处是吾乡。通海兴蒙乡是蒙古族在江南的唯一聚居地，风情独具的南方蒙古族不仅传承着深厚的蒙古族民族文化，也为滇中增添了多姿多彩的民族风情，吸引越来越多的游人远道而来探寻这个神秘的民族。

6. 红塔区米线节

云南人对米线有着缠绵徘恻的感情，一旦离开云南，三天吃不到米线就会十分想念，这白白细细如情丝绵绵的米线，牵着云南人的心、更拴着云南人的爱。在红塔区，不仅把米线的吃法发挥到了淋漓尽致的境界，还以米线的名义传承着一个隆重的节日——米线节，更是把玉溪人对米线的千般爱、万般念，升华为一个长达 81 天的节日，放任人们宣泄对米线的情有独钟。

农历正月初一，春节刚刚拉开帷幕，米线节就迫不及待地要与春节并驾齐驱，抢一抢春天的风头，自信地在红塔区的大大小小乡村里搅起一股舌尖上的风暴，整个乡村沉浸在温馨、团圆里。因其文化底蕴深厚，深受玉溪人的喜爱，并且从农历正月初一持续到三月二十二日，长达 81 天的米线节，独霸一方，成为世界上历时最长的节日。

玉溪米线节说来话长，起源于明清时期迎祀管水的“土主”的习俗，只为祈求风调雨顺。祭祀土主神活动最早见于玉溪《陈氏族谱·草池志》记载：“明嘉靖四十三年，甲子春二月，里人迎城隍、土主神，各处轮日奉祀。”届时，红塔区的村村寨寨从农历正月初一到三月二十二止，开始轮流迎祀“土主”，哪个村子轮到迎祀的日子，就是当地过米线节的日子。每年红塔区大小村子都要轮流迎“土主”。迎神的村子除了准备祭品，还要抬着“土主”的神像在村里游走，以示祈福。每村要唱戏、唱花灯，表演毛驴灯、花灯、龙灯、狮子灯，家家户户摆宴席，杀鸡买肉、备酒备米线，款待宾朋亲友。由于米线在宴席里必不可少，就取名为“米线节”，还因为过节时阖家团圆、村里都要唱花灯，又称“团圆节”“丰收节”“灯节”。节日中的各种习俗沿袭至今，原汁原味，更添无限乡情。

每逢米线节，也是全家老小、亲朋好友齐聚一堂的日子，即便身在异乡，也会借着春节赶回来吃一碗米线。这米线节呵，是当地人把对幸福的追求精心调配在一碗碗汤汁甘美、佐料齐全的米线里，小锅米线、杂酱米线、肘子米线、三鲜米线、臭豆腐米线、鳝鱼米线……浓浓的乡情乡愁被烹煮得热气腾腾、喷香四溢。

也许岁月漫长，我们走丢了时光，数百年来，米线节把万千游子驿动漂泊的心一次次牵引回来，又让他们带着对故乡的无限眷恋，脚踏实地远走他乡。

7. 通海花街节

同样在春节，来到“礼乐名邦”通海，逛一逛当地的花街节，扑面而来的是花团锦簇、诗情画意、古色古香。

每年农历正月十六至二十三日，正值通海的花街节，人潮花潮涌动“礼乐名邦”，春风送爽，喜气福气，如约而至。

人们把到通海看花街，形象地称为“赶花街”。小城通海山川秀丽，人杰地灵，深厚的历史文化底蕴得天独厚，自古就是滇中南经济、文化重镇和交通枢纽，素有“秀甲南滇”和“礼乐名邦”的美誉。正如朱德元帅在《夏日访通海》一诗中所描绘的：“夏日访通海，通海一长湖；四围青山绕，流水洞中输；秀山雄城后，林茂似玉壶；此地文物盛，花桩百样殊；幽人养兰芷，留有数千株；手工艺术巧，百货畅无虞。”

灵山秀水、深厚的文化底蕴，孕育了通海人崇尚文明，崇尚人与自然和谐、相融相生的良好气质；加之久负盛名的名特产品和浓厚的商业气息，孕育了通海人热爱生活、积极进取的精神风貌；两者结合，则孕育了通海的花街节。在通海花街上，不仅集中展示了通海具有较高艺术性、观赏性的传统的花桩盆景和蓬勃发展的花卉产业的成果，同时也是通海优秀传统文化和丰富的文化旅游资源集中展示的好机会。融经贸活动、旅游活动、文化艺术展演为一体的花街节，更是对通海形象集中有效的营销。

赶一趟花街，染一身春色。赶通海花街，最大的乐趣是白天看花、晚上赏灯。白天，“出门俱是看花人”，花潮人潮春意盎然，通海传统的剑兰、桃桩、梅桩、杜鹃、山茶，花团锦簇，花香满城。入夜，花街上彩灯辉煌，行走在一片繁华喧嚣中，人头攒动，扶老携幼，花影媚眼、灯火璀璨，欢聚良宵，一派佳节团圆和谐美满、“火树银花不夜天”的盛世景象。

节日期间，通海当地浓厚的文化民俗：耍龙舞狮、跑旱船、迎高台、毛驴灯等助兴花街、好戏不断，成为花街的灵魂、花街的生命、花街的主题。这些带着久远生命力和切切乡土气息的民俗，在艺人们的舞动里，带给世人一份对乡土的敬仰与牵挂。岁岁年年，成长的是我们对外面世界的渴望，不变的却是回望故乡的深情，这些民俗为故土守望着一份厚重和记忆，为游子储备着一份感恩和眷恋。

每年花街期间，如果时间凑巧，除了游览“秀甲南滇”的秀山，可以带着孩子参加在秀山脚下的通海文庙里举行的“开笔礼、成童礼、成人礼”等活动。通海文庙始建于元代。走进文庙，沐浴儒风。传统将为5岁至9岁的儿童行“开笔礼”，开笔破蒙，人生始立；10岁至14岁的儿童行“成童礼”，知礼明义，感恩立志；15岁至18岁的少年行“成人礼”，明责守信，齐家治国。当击鼓启智、朱砂开慧、启蒙描红、敬感恩茶等古老的仪式一一呈现时，那些深藏于我们血脉里的民族之魂再次激奋出来。在恢宏的文庙之上，身临其境，儒家思想所饱含的中华民族传统文化的价值观，涵养了中华民族的优秀品质，濡染了通海人勤劳质朴的民情民风。在此行“三礼”，不论孩子还是成人都以接受中华文化洗礼为荣、为傲。

8. 中国聂耳音乐（合唱）周

中国聂耳音乐（合唱）周是经中宣部批准的全国性音乐文化活动，每两年举办一次，2013年荣膺“美丽中国·最佳传承弘扬中华文化节庆称号”。

玉溪历史悠久，人杰地灵，是人民音乐家聂耳的故乡。

聂耳是全国人民的骄傲，更是故乡玉溪人民的自豪；聂耳属于玉溪和云南，更属于中国和世界。聂耳精神是激励玉溪人民脚踏实地、居安思危，实现玉溪发展新跨越的强大动力，继承和弘扬聂耳精神是时代赋予玉溪人民的神圣使命。文化是民族的血脉，是人民的精神家园。伟大的时代需要伟大的精神，美丽的地方需要文化的滋润。聂耳文化品牌是云南省着力打造的四大文化品牌之一。

2003年以来，中共玉溪市委、市人民政府确定了高扬聂耳旗帜、打造聂耳文化品牌的战略思路，实施玉溪文化品牌战略，全力推进聂耳文化建设。2004 年 5 月 25 日，“云南聂耳音乐基金会”在聂耳故乡——玉溪正式成立，国内文化界、音乐界知名人士周巍峙、陈晓光、徐沛东、赵季平、吴雁泽、谭利华、金铁霖、闵惠芬、顾春雨、朱海担任顾问。基金会的成立，对于积极弘扬聂耳的爱国主义精神和艺术创新精神，着力开发云南丰富独特的民族音乐资源，加快培养云南音乐人才，大力繁荣云南音乐创作，精心打造云南音乐品牌，进一步推动云南民族文化大省建设，具有非常重要的意义。

2009 年，经中宣部批准，首届聂耳音乐（合

中国聂耳音乐（合唱）周

唱）周在北京和玉溪两地成功举办。该活动被列入中华人民共和国成立60周年系列重大文艺活动之一，弘扬了爱国主义精神，提振了民族自信心，得到了党和国家领导人及全国人民的热烈好评。2011年，第二届中国聂耳音乐（合唱）周成功举办。本届音乐（合唱）周由中国文联、云南省、上海市和中国音乐家协会共同主办，经中宣部批准，被纳入全国庆祝建党90周年系列活动，成为整个活动中的一项重要内容。活动周期间，玉溪市获得了由中国音乐家协会授予的“中国音乐家协会合唱基地”匾牌。2013年7月20日，第三届中国聂耳音乐（合唱）周隆重开幕。这是全国人民深入贯彻落实党的十八大精神重要时期举办的一次文化盛会，是努力实现“中国梦”、持续打造聂耳文化品牌，努力实施玉溪“文化旅游兴市”战略的重要举措，是持续提升云南文化影响力的重要活动。在每一届中国聂耳音乐（合唱）周中，通过一系列简洁、明快、热烈、喜庆的文艺演出活动，用音乐文化形式弘扬时代主旋律，烘托聂耳精神；以唱云南、唱家乡为风格推出国内外精品文艺演出和本土文化；以“聂耳杯”千人合唱比赛增强节庆活动广泛的群众参与性；以文化惠民、丰富群众文化生活为最终目的。

自首届中国聂耳音乐（合唱）周举办以来，聂耳故乡人民把弘扬聂耳以爱国主义为核心的民族精神和艺术创新精神，作为践行社会主义核心价值体系和云南精神的具体体现，作为培育玉溪精神的核心内容，作为实施文化惠民工程的重大举措。以国歌为主线，以云南元素为特色，以艺术创新为动力，使每一届中国聂耳音乐（合唱）周，成为一次次高扬先进文化旗帜的盛会。

连续四届的成功举办，中国聂耳音乐（合唱）周，这个承载了玉溪人音乐梦想的“音乐节”品牌，终于水到渠成，功成名就。玉溪通过宣传聂耳，对外介绍玉溪，逐步使玉溪成为国际国内音乐艺术交流的窗口，不断扩大聂耳故乡在世界文化领域的知名度和影响力，弘扬和传承聂耳崇高的爱国主义精神和艺术创新精神。

“义军一曲奋全民”，70多年前，聂耳为祖国的前途命运而忧，一曲《义勇军进行曲》，唤醒了中华民族的独立自由之梦。今天，以爱国主义为核心的聂耳精神，已经内化成家乡人民建设开放、富裕、文明、和谐、美丽、幸福新玉溪的不竭动力，激励着我们在实现中华民族伟大复兴的“中国梦”的道路上奋勇前行。

中国聂耳（音乐）合唱周，唱响的是实现“中国梦”的时代主旋律，展示的是玉溪文明、和谐、开放的形象。它以爱国主义为核心，以国歌为主线，以云南元素为特色，以艺术创新为动力，打造融思想性、艺术性、大众性为一体，具有云南特色、中国气派、国际视野的大型群众性文化活动品牌，使之成为一次高扬先进文化旗帜，搭建文化交流平台的盛会。它也是提升文化软实力和文化影响力的一项重要举措。

“前进，前进，前进进”，中国聂耳音乐（合唱）周高扬社会主义先进文化旗帜，传承中华文化的品牌，将在中国大地上唱响时代最强音，传递实现“中国梦”的正能量！

9. **抚仙湖铜锅美食节**

玉溪之水，当数“三湖”：抚仙湖、星云湖、杞麓湖。“三湖”之首，当数抚仙湖。

抚仙湖水清汪汪，清的是抚仙湖Ⅰ类的水质，生态之美令世人称奇；品的是湖光山色和湖中生机灵动的鲜鱼。

每年入夏，抚仙湖水渐暖，这个中国最大的高原淡水湖泊就迎来了热闹的旅游旺季。沿岸的澄江县、江川区每年在五一小长假期间轮流主办“抚仙湖铜锅美食节”，主打清汪汪的抚仙湖水和当地风味别具的鱼文化。初夏的五月，来到抚仙湖，可观景、游湖、戏水，更可品尝湖中鲜鱼，激情四溢运动休闲活动、美味佳肴均不容错过。

美食总能让我们身不由己，身心潜入到其所编织的故事里，细细品味生活所带来的闲适与安宁，感谢一方水土的恩赐。上善若水，让我们的身心修养得更加宽广包容，更有世俗的欢歌让我们品出生活的有滋有味。

抚仙湖有“百里湖光小洞庭”“天然图画胜西湖”的美景，是生态休闲度假旅游的极佳选择地。它不仅孕育了原生态的湖鱼，更为世人书写了的鱼文化“四大传奇”：抚仙湖边“两湖相交，鱼不往来”的“界鱼石”，“鲭鱼阵”，“车水捕鱼”和“铜锅煮鱼”，并以奇绝的美景、美食为湖岸景色增添了神奇的文化风韵。捕自抚仙湖里的青鱼，用铜锅加山泉水熬煮，加上几碟农家咸菜，再来一铜锅闷洋芋饭，一切刚刚好。面湖而坐，惬意而食，手艺简单却不寡味，清爽可口又热气腾腾。很快就安抚了你饥饿的胃肠，让疲惫的脚步得到暂时的歇息，让浮躁的心灵渐渐舒缓。

这道源于湖边渔民家常便饭的铜锅煮鱼，原来只是渔民为就近解决温饱所创手艺：湖中的鱼打上来后，在岸边支上三块石头架上铜锅，用湖里的水煮湖中的鱼，方便就急。而铜锅却是江川人的祖传手艺，平底大肚的铜锅，是手艺人一锤锤敲打而成，但打铜器的历史却是有着千百年，祖师爷就是汉代古滇国的青铜匠人，李家山古滇国古墓中发掘出的器物里就有这种铜锅。游山玩水品美食，是出游一大乐事。如在铜锅美食节期间来到澄江、江川两县区，在湖边的4A级景区禄充风景区、孤山景区、鱼洞景区还能看到当地渔家人进行的剖鱼煮鱼比赛、洋芋焖饭、铜锅鱼长街宴，体验古老的车水捕鱼、篝火晚会等。

游玩抚仙湖，不止于戏水、划船，在湖底和湖岸，蕴蓄着令人惊叹不已的自然和人文奇迹，至今仍有许多难解之谜。来到抚仙湖，你将经历一次次惊心动魄的历史穿越：到“世界古生物圣地”

——澄江帽天山看世界自然遗产澄江古生物化石群；来到江川李家山博物馆，穿越到古滇国看春秋至西汉时期的青铜文化，以牛虎铜案为代表的5000多件青铜器精美绝轮。最美妙的穿越就是来到水下古城，即位于抚仙湖东岸沉于抚仙湖水下古城遗址，一直被猜想为古滇国的城池。“澂江”之名源于此。

这就是抚仙湖，这个神秘之湖所给予我们的身心愉悦。传说，天宫的肖、石二仙巡游至抚仙湖边，为湖光山色所沉醉，以至于不忍离去，化为湖边二石。于是此湖名曰：抚仙湖。今人之快乐堪比仙人，何忍离去呢！

10. 江川开渔节

与抚仙湖仅一山之隔，一河相连的星云湖，因湖水碧绿清澈，波光妩媚迷人，月明之夜，皎洁的月光映照湖面，如繁星闪烁，坠入湖中，晶亮如云，故而取名为星云湖。星云湖属营养性湖泊，是发展水产养殖业的天然场所，也是云南省较早有专业部门繁殖和放养鱼类的湖泊，每年星云湖都有长长的禁湖期，让鱼儿自由生成。

一年将尽，新年将至，辞旧迎新之际，一定

得到江川吃顿鲜鱼宴——每年12月25日正值江川境内星云湖开湖捕鱼的良辰吉日，故名开渔节。一年一度的开渔节，是江川区这个“鱼米之乡”丰收喜悦的盛大节日。伴随着千舟竞发、群鱼欢跃、人头攒动、劲歌狂舞，让每个来到江川的游客感受到了过年才有的节日气氛。无数观渔、买鱼、品鱼的食客、游人都会云集古滇国故里江川，欢度这个以“鱼”为主题的传统节日。

江川自2005年举办“开渔节”以来，年均鱼交易量达上万吨。开渔节到了江川，吃鱼是大事，但只为了吃，那就俗了。既然是来赶开渔节，不如将休闲进行到底！冬日里，湖边的风有些凉，但要有兴致的话，赶个早，去湖边就能看到千舟竞发、下湖捕鱼的盛况；湖边热闹的渔市，不可不看，那种摩肩接踵、熙熙攘攘、吆五喝六砍价的集市，想必你也有些陌生了吧？如果有兴致，邀上家人朋友买一条刚捕上岸的鲜鱼，找家小店宰杀，喝鲜鲜的汤，吃嫩嫩的肉，大快朵颐，如何？如此享受人生，神仙都羡慕！

江川有句俗语，“无鱼不吃饭”“无鱼不成席”。因为好山好水，江川人吃鱼嘴很“刁”，只吃星云湖和抚仙湖中自然放养的鱼，而且还要求抚仙湖水煮抚仙湖鱼，星云湖水煮星云湖鱼。冬日慢生活，无限风光在江川，鱼鲜汤浓友情深，万千气象尽扫心中块垒。随着江川星云湖的开海，一场饕餮大宴也拉开序幕。吃鱼就要趁新鲜，吃鱼就要吃个热闹、吃个吉祥，江川美味的鱼宴、多彩的渔文化，令人神往。对于江川人来说，活蹦乱跳的鱼才叫鲜。所以每年一度的开海，也是到江川吃鱼的最好时机。江川人吃鱼吃出了自己的品牌菜，那一道道水里游出的传奇美味，向世人奉献了不少经典名菜：江川招牌菜“三道菜”、奢华之宴“鱼全席”、传统名吃铜锅煮大头鱼、经典名菜盐水煮白鱼，可谓滇中美食一绝。

开渔节，这一道道年年有鱼、辞旧迎新的吉祥宴，为世人带来的不仅是世俗的欢歌，更有对美好生活的无限憧憬。

11. 元江金芒果文化旅游节

每年进入6月，“红河谷中的太阳城”元江县瓜果飘香，空气里迷漫着各种热带水果的迷人香气，夹着丝丝缕缕的茉莉花的淡雅、凤凰花的奔放红艳。也就在这个盛夏的时节，元江金芒果文化旅游节就隆重登场了，成为这个充满热带风情的县城最热辣的节庆活动。金黄的芒果压弯树枝，沉甸甸的菠萝蜜挂满枝……红的荔枝，黄的芒果，艳的火龙果；甜的甘蔗，香的木瓜……八方宾朋身处“激情芒果节、浪漫太阳城”所带来的那份难得的体验里，早忘了自己身处40度的高温天气。

这就是一个以金芒果为主角的节日。水果一条街上，摆满琳琅满目、光鲜亮丽的各种热带、亚热带水果：芒果、荔枝、菠萝蜜、香蕉、龙眼、木瓜、西瓜、番石榴，宛如水果大拼盘，等候游客尽情观赏、品尝、采购。元江现在种植有134个芒果品种，很多都是闻所未闻的。水果街上，你还能看到精选出来集中展示的品质佳、种植广、销售好的芒果优良品种，琳琅满目、色彩诱人。来到元江，品尝热带水果是最大的享受，再加上风情民俗的点睛就更加完美了。每年芒果节，都有一个重头节目：吃芒果大赛，以规定时间内吃掉的芒果量为准，评出吃芒果高手。获奖并不重要，只为痛痛快快享受香甜可口的芒果，踊跃登台一饱口福者，虽然满脸满嘴都是果汁，却酣畅淋漓，大呼过瘾。

激情四射的芒果节，让这个炎炎夏日有了更多的甜蜜来点缀生活、记录幸福！

12. 华宁柑橘旅游文化节

随着秋意渐浓，华宁县的山野间开始有了橘子的甜香，秋林桔红、硕果累累，每年9月9日，充盈着丰收与诗意的华宁柑橘旅游文化节，让整个华宁县笼罩在了富贵吉祥的金黄色的节日氛围里。

据记载，华宁柑橘始种于明代，有着悠久的历史。规模性种植在20世纪80年代初期，至今已有30多年的时间。华宁的柑橘远近闻名，一则因其早熟，二则是它的高品质和极佳的口感，三则因为它万亩金橘飘香的壮观和美不胜收，名扬省内外。其产品曾获得全国农业博览会金奖，11个品种获得农业部和云南省优质水果称号，如今已成为华宁的一大重要经济产业。

深秋时节，万亩橘园，一幅“树树笼烟疑带火，山山照日似悬金”的景象，渲染出这个季节乡村最美丽的风景。这个以柑橘唱主角的节日里，你可尽情吃柑橘、赏柑橘、采柑橘，唱柑橘、说柑橘、跳柑橘……丰收的满足感和幸福感让你欲罢不能，畅扬在果农脸上的笑和乡村的淳朴、农家的真诚，使你收获了内心的安宁和快乐。

尽享橘乡丰收的魅力，少不了秋日的瓜果蔬菜。当地有名的大炊锅菜，一锅尽煮秋日时鲜瓜菜，把收获的喜悦统统吃在嘴里，乐在心里。在尝遍泉乡美食、回味童真年代的同时，你更可以徜徉在华宁陶悠远的历史文化中……

泉乡华宁，以华宁陶闻名遐迩数百年，如今炉火绵绵不绝，艺人再续手艺扬名省内外，更有秋橘的锦上添花，所有美好幸福的追求都在这个秋天成为佳话。

13. 易门野生菌美食节

随着夏天的第一场雨水落地，易门群山峻岭、密林野草间的野生菌就开始不“老实”了，“滋滋”地顶着细土争先恐后从土里探出头来，这些山野间的小精灵，让大森林更加生动而有灵气，并成为易门野生菌美食节说一不二的主角。已连续举办了9届的“中国·云南野生食用菌交易会”，成就了易门野生菌美食节。节日期间，交易与美食的隆重登场，吸引了成千上万食客络绎不绝前往，只为舌尖上舞动的美味。

有气度举办野生菌节，凭借的全是实力。易门县拥有得天独厚的自然条件，60多万亩的森林里，孕育了无数的山中珍宝。众所周知的干巴菌、松茸、鸡枞、牛肝菌，这些珍贵、美味的野生食用菌，在易门的山林中都有，不仅数量多，而且品质优、口感好。小菌子大市场，当地目前开发的可食用野生菌达71种，年平均产量约在5000吨以上，同时出口日本、俄罗斯、意大利、中国香港等国家和地区，“菌乡易门”的美誉实至名归。

小菌子要走出深山，靠的是四方客、八方友，还有易门野生菌美食节的助阵。期间举办的野生食用菌展销和交易活动、野生食用菌珍品拍卖会，让野生菌走出山野、登堂入室：口味独特的干巴菌，清甜鲜美的鸡枞，营养丰富的松茸，嫩滑爽口的青头菌，清香持久的牛肝菌，珍贵难得的灵芝，一出山就被争抢购买……易门人在烹饪野生菌上可谓匠心独运，其独家秘籍所烹饪的野生菌全席，既保留其鲜美的自然味道，同时用野生菌创新出了多种佳肴，新鲜的野生食用菌香气扑鼻，让人目不暇接，诱惑着我们的味蕾。如果有幸去品尝菌全席、菌火锅，一次就能尝遍所有的野生菌，那来易门就不虚此行了。如今利用高科技保鲜方法，把野生菌做成各种方便食品，便于携带，满足了食客余情未了、带回家慢慢尝鲜的欲望。

节日期间最抢夺眼球的，莫过于野生菌拍卖会，众多新、奇、特、大的野生菌隆重登场：重达 28 千克的大白口蘑可谓世界菌王，颇具“仙风道骨”的 27.9 千克的千年灵芝和难得一见的净重 6.5 千克的千层虎掌菌、1 千克左右的黑牛肝，美如莲花的干巴菌……拍卖会上亮出的不仅是易门资源的丰厚，更有易门人对自家土地上物产的自豪与厚爱。

来到易门，除了看新奇、吃新鲜，不要错过到深山里捡拾野生菌的乐趣。有农户“占山为王，包山拾菌”，把菌子看管得严严实实，就等着组织游客进入山林捡拾野生菌，深切体验菌乡易门的山珍奇秀，充分领略滇中水城的灵秀、雅致。

（四）当代文艺

改革开放以来，特别是“十二五”期间，玉溪围绕国家推进文化广播电视发展的战略要求以及云南加快建设民族文化强省战略，深入实施“文化和市”“文化旅游兴市”战略，在党的文艺政策指引下，玉溪文化繁荣、文艺创作百花齐放。所辖的7县2区在云南省率先实现全国文化先进县，成为西部唯一、全国少有的一个地级市。以民族文化和民俗节庆活动为载体，开展广泛深入持久的群众文化活动，组建完善培育了3500多支业余文艺队，文艺骨干近6万人。成功举办了四届“中国聂耳音乐（合唱）周”，荣膺“2013美丽中国最佳传承弘扬中华文化节庆”称号，聂耳文化品牌效应显著提升。广泛实施玉溪“文化精品工程”和“民族文化工程”，深入挖掘具有地方特色和民族特色的题材，涌现出许多代表性的文艺作品。

玉溪花灯、滇剧用一个个国家级、省级大奖，续写着文化的辉煌。在花灯上，2006年，玉溪花灯被列为第一批国家级非物质文化遗产保护名录。《军营小院》《情与爱》《卓梅与阿罗》《金银花·竹篱笆》《古湄歌》等一大批享誉省内外的优秀剧目，在花灯不断改革创新中脱颖而出。《冤家亲家》荣获中国少数民族戏剧金奖、“韩中国际木槿花艺术大赛”金奖和第十四届中国人口文化奖；花灯小戏《蝶双飞》荣获第六届中国戏剧节文学奖金奖、中国戏剧奖小品小戏一等奖；《一对羊》获第二届“中国戏剧奖·小戏小品奖”大赛优秀剧目奖。在滇剧上，2008年玉溪滇剧被文化部列入第二批“非物质文化遗产保护名录”。艺术家们创作出了一大批极富时代精神、观照本土文化、直诉民情民声的好作品。《西施梦》成功入选“第九届中国上海国际艺术节”，荣获上海“白玉兰戏剧表演艺术集体奖”；《朱德与唐淮源》荣获中宣部精神文明建设“五个一工程奖”、第十三届中国戏剧节优秀剧目奖；《水莽草》荣获第十三届全国精神文明建设“五个一工程”奖、第十三届中国戏剧节优秀剧目奖、优秀导演奖、优秀表演奖等多个大奖；滇剧《铁血流芳》荣获2013年“第八届全国戏剧文化奖”金奖。多年来，玉溪滇剧、花灯共荣获中国戏剧“梅花奖”、中宣部“五个一工程”奖等国家级艺术奖项20多项，涌现出一大批以中国戏剧“梅花奖”演员杨丽琼、冯咏梅为代表的优秀文艺工作者。玉溪市滇剧团、玉溪市花灯团赴中国台湾、法国、日本、韩国进行文化交流演出，扩大了中华民族优秀文化的影响力。

歌剧、舞剧、音乐剧全面繁荣，讴歌时代主旋律。大型舞剧《聂耳》获“第四届全国歌剧、舞剧、音乐剧优秀剧目展演”三等奖；小合唱《巴哈呀咪》荣获第十三届全国群星奖；玉溪聂耳竹乐团曾参加北京奥运会闭幕式、上海世博会、中央电视台音乐频道演出，竹乐合奏《草皮街》和女声小合唱《诺赛鸟》分别获全国第十四届群星奖创作奖和表演奖；反映古滇国洞经古乐大型花灯剧《古湄歌》、大型现代舞剧《聂耳》和小合唱《巴哈呀咪》入选第四届“云南文化精品工程”，受到中共云南省委宣传部的表彰和奖励；聂耳音乐基金会与北京新坐标文化发展公司共同投资拍摄音乐普及动画片《露露与猪猪》，已出版发行销售，荣获第四届中国国际动漫节系列片、长片“美猴奖”，还荣获国家广电总局2007年度最佳原创动画片三等奖。

在文学创作上，杨家荣的长篇小说《红河一夜》荣获云南省第七届精品文化工程奖；普飞的长篇小说《红腰带》和柏叶的长篇小说《疯狂的野兔》分别荣获第六届云南省文学艺术创作基金奖二等奖、三等奖；张丽萍的作品《一棵青菜在长大》荣获第七届冰心散文奖。

在美术上，吴婉希的版画《洁净三联》荣获第二届云南国际版画金奖；郭仁海的版画《云之南——望云少年》荣获“第二十届全国版画展”优秀作品奖；王玄的油画《花沟村》《月光下的凤尾竹》分别荣获第六届中国西部大地情中国画、油画作品展优秀奖和第十二届全国美展油画展优秀奖。玉溪美术作品近五年共获得国家级奖励 31 项，省级奖项 62 项。

在书法上，颜刚的书法作品入选王羲之奖全国书法展、赵孟頫奖全国书法展、“西峡颂”全国书法大展、“云峰奖”全国书法大展等全国性展览；蒋毅的书法作品入选《书法报》首届千字文书法大赛、《书谱》社第四届梁披云书法赛等全国性展览；杨敏和余立雄的书法作品分别荣获云南省文化厅主办的 2012 年“彩云奖”金奖和银奖。

在音乐上，音乐作品《进寨歌》荣获文化部第十五届“群星奖”；《阿哥小普》荣获第十届中国艺术节“群星奖”音乐类优秀节目奖；舞蹈音乐《摆呀摆，秧箩情》荣获全国少数民族优秀节目大赛展演铜奖；舞蹈音乐《小小花鼓红》荣获上海世博会“欢聚世博”美丽校园精品节目比赛金奖。

在摄影上，杨福祥的纪实作品《砖瓦厂》获第二十三届全国摄影展优秀奖；潘泉的纪实作品《放学路上》荣获首届（PPA）国际职业摄影师大会“亚洲影像”铜奖；官朝弼纪实专题作品《哈尼族葬礼》和《瑶族度戒》入选联合国教科文组织举办的“人类贡献奖”；李华海的作品《欢乐的童年》《捉鱼大赛》分别入选第十五届国际摄影艺术展览和第十一届国际摄影艺术展览；张本聪的作品《天路》荣获首届“印象西藏”摄影大赛银奖；罗涵的作品《最美山村教师》荣获全国民族题材摄影大赛优秀奖。

在舞蹈上，彝族舞蹈作品《笃慕罗思则》荣获第十届中国民间文艺山花奖·民间艺术表演奖金奖和庆祝建党90周年全国鼓舞乐展演金奖；群舞《裙儿摆摆秧箩情》荣获第十届全国舞蹈大赛群舞组文华舞蹈优秀编导、表演奖；《凤凰花开》荣获第七届魅力中华才艺国际展示大赛一等奖；

三人舞《崴灯》荣获第九届全国舞蹈比赛表演三等奖。

在民间文艺上，通海县舞龙队荣获第十一届中国民间艺术山花奖·中国（南宁·青秀）舞龙展演银奖；民间文学《花腰傣古歌谣》荣获第六届云南省文学艺术创作基金奖二等奖；李元生的根雕作品《国歌》荣获2011年云南省根雕艺术展金奖；彝族歌手李成刚先后荣获第八届中国西部民歌花儿歌会金奖、2012年全国山歌大赛金奖和2014年第七届中国原生态民歌大赛优秀演唱奖。

五、自然景观

溪、江、泉、湖遍布玉溪，它们各显灵性，既飞腾不息，又浩瀚包容。玉溪群山环绕，既文采飞扬，又神秘莫测。帽天山、李家山、秀山蕴藏着自然与人文的宝藏；哀牢山原始森林中的蜿蜒沟河、悬泉飞瀑，跌宕曲美；高原湖泊之水抚仙湖、星云湖、杞麓湖广袤深沉，与名山争秀生辉。在滇中大地，鸣奏着风光旖旎的湖山奏鸣曲。

1. 抚仙湖：远离大海的蔚蓝湖泊

位于玉溪市所属的澄江、江川、华宁三县区

抚仙湖

交界处的抚仙湖，为珠江源头第一大湖。其地质地貌得天独厚，成为中国最大的深水型淡水湖泊。抚仙湖外形似一葫芦，呈南北向；北部宽敞，南部狭窄。水域面积 216.6 平方千米，最深处 158.9 米，平均水深 95.2 米，蓄水量 206.2 亿立方米，占全国淡水湖泊的 9.16%，占云南省九大高原湖泊的 68.3%，是滇池的 12 倍、洱海的 6 倍，总体保持 I 类水质。

抚仙湖是远离蔚蓝色大海的滇中大地上的蔚蓝湖泊。

关于抚仙湖有个美妙的传说：天宫肖、石二仙奉玉帝之命到人间寻找胜景，不想被抚仙湖的碧波和沿岸所吸引，驻足观景，流连往返……天长日久，两位仙人不羡天宫慕人间，最终，石化为一尊抚肩相携看美景的石山，留在了湖边。于是，抚仙湖有了现在这个美妙有趣的名字：抚仙湖。

俯瞰抚仙湖 216.6 平方千米碧波，其周边有 3 座貌不惊人的山——澄江帽天山、金莲山、江川李家山。帽天山距抚仙湖仅 6 千米，李家山距抚仙湖约 3 千米，金莲山距抚仙湖 2 千米。这 3 座象征着自然历史、人文历史的“大山”，环绕着抚仙湖。正是它们以其亿万年的深厚积淀和伟大的文物遗存而使玉溪、使抚仙湖跻身世界科学与艺术的殿堂。

2012 年 7 月 1 日，玉溪澄江化石地（帽天山古生物化石群）正式列入《世界自然遗产名录》。“澄江化石地”不仅为玉溪又增加了一张世界名片，还成为中国唯一的化石类世界自然遗产，填补了中国化石类自然遗产的空白。

20 世纪 70 年代、90 年代，考古工作者先后两次对李家山进行考古发掘，揭开其神秘的面纱，揭示出 2000 多年前古滇国人在青铜器制作中的惊人智慧。其古墓葬年代之久远，规模之大，出土文物数量之多，品种之丰富，造型之富有想象力，铸造工艺之精湛，保存之完好，令人叹为观止。其中“牛虎铜案”成为玉溪——云南博物界的神圣标志。它们被展示在北京人民大会堂云南厅，成为中外青铜器具与工艺史专家们解读鉴赏的重要杰作。所谓“北有马踏飞燕，南有牛虎铜案”，被中外专家誉之为青铜器中第一流珍品，当之无愧。

位于抚仙湖畔澄江县右所镇旧城村东侧的金莲山，近10万平方米的古滇国青铜器时代古墓葬群，无论从区域面积还是墓葬的数量和密度上说，在国内都极为罕见。该墓地完整地保留了商周以来的宗法制度和丧葬制度，对我们研究古人的丧葬习俗将起到重要作用，被誉为云南滇青铜文明考古的重大发现。

至今还深藏于抚仙湖底的汉唐俞元古城一直以扑朔迷离的风貌为世人不断猜测。据史载，公元前106年，西汉王朝开发了“西南夷”，在云南建益州，澄江为俞元县。唐朝天宝年间，古俞元县突然消失了，至于是何时消失的，史书里没有记载。它是否是因抚仙湖当时发生了突如其来的地质变化，像传说中被史前大洪水所毁灭的繁华之都阿特兰蒂斯一样，慢慢地被湖水所浸没？令人无穷猜想。经过2001年、2006年两次抚仙湖水下探秘和考古，探知到湖底有一个2.4平方千米的石质建筑群。经过科学鉴定，在石质建筑构件上存在人工雕刻的一些符号和图案。根据考古发现和专家研究，抚仙湖与人类文明的起源有着千丝万缕的联系。揭开水下古城的神秘面纱指日可待。

抚仙湖还为我们传下世俗的欢娱和朴素的历史观念——关索戏。关索戏为抚仙湖边的澄江县阳宗镇小屯村所仅有，始于明朝，属古老傩戏的一种。它在演出形式上，仍保留着较原始的面貌，演出时一般头戴面具，边唱边舞，有娱神歌舞的遗风。关索戏专演三国故事，流传至今共有生、旦、净 3 类面具 20 具。关索戏在祈神赐福、驱鬼逐疫的原始渴求里，展示生命的美丽，被誉为中国戏剧“活化石”。2010 年，“关索戏”入选国家级非物质文化遗产名录。

抚仙湖辽阔的湖水养育、繁衍了方圆数百里的渔家人，也在民间留下了趣味横生的鱼文化。其中以抚仙湖“四绝”：“界鱼石”“车水捕鱼”“鲭鱼”“铜锅煮鱼”为世人所称趣。

这四绝其一“界鱼石”。在连接抚仙湖和星云湖的隔河（玉带河）中段，有石如屏，耸峙岸侧，石上刻有“界鱼石”三个大字，这其中大有渊源。抚仙湖盛产的抗浪鱼本来以抢水激浪为快事，可是到了界鱼石，掉头而返；星云湖盛产的大头鱼顺流而下，到了此处，掉头逆水而回，“两湖相交，鱼不往来”成为此地一大奇景与不解之秘。

其二，“青鱼阵”。清道光《澄江府志》载：“在抚仙湖中，有物如马状，浑身洁白，背负红斑，丈尺许，时游出水面，迅速如飞，见者屡获吉运。”抚仙湖里大鱼很多，有人见过一扇门那么大的，也有人见过十几米长的。但是，成百成千的鱼在一起，排着队，大的在中间让小的护着，仿佛国王出巡一样，就不得不令人称奇了，这就是抚仙湖常出现的“青鱼阵”奇观。

其三，“车水捕鱼”。抚仙湖里独有的鱼种抗浪鱼，个头不大，只有十六七厘米长。这种鱼的生活习性很特别，只吃水中的浮游生物，因而用鱼钩是钓不到它的。根据抗浪鱼奇特的生活习性，抚仙湖沿岸的渔民，采用奇特的捕鱼方法——“车水捕鱼法”。在禄充、明星一带，沿湖的岩洞里涌出许多股地下泉水，这些泉水的水温比湖水略高，水质纯净，是非常好的地下矿泉水。抗浪鱼非常喜欢这种泉水，渔民们称这种泉水为“真水”，意思是真正的水。他们把这些泉水分成若干股，顺着挖好的小沟流入湖中，在出水口的地方安放一个用竹篾编的大笼子，叫“倒须笼”，鱼只能进不能出；在鱼笼旁的水口处，用一木制水车车湖水进沟与泉水混合。抗浪鱼来时，从水车下顺着水流进入沟中，在沟中的泉水里嬉戏、产卵。当它们产了卵，玩够了，就顺着水流钻进鱼笼中去，这叫“请君入瓮”。碰上好季节，一笼便可捕几十斤甚至一两百斤抗浪鱼。

其四是“铜锅煮鱼”。这也与抗浪鱼有关。把活蹦乱跳的鲜抗浪鱼放入铜锅里的冷水中，加火煮熟，配上一碗用煳辣子、老酱、薄荷、葱、姜等佐料调成的蘸水,吃蘸水鱼,吃起来又鲜又嫩,独具风味。吃时不用吐骨头，因为抗浪鱼刺极软，根本不会卡喉。这一道菜独特就独特在用江川当地工匠打制的铜锅山泉水煮食抚仙湖里的鱼，原汁原味，极其美味。

2. 帽天山国家地质公园——古生物学圣地

帽天山

帽天山国家地质公园距澄江县城6千米，是外地人了解帽天山化石而趋之若鹜的必选之地。

1984年，科学家在帽天山最先发现5.3亿年前澄江动物化石，它是记录“寒武纪生命大爆发”的关键证据，被称为“二十世纪最惊人的发现之一”。据探明，化石埋藏带呈蛇状蜿蜒20余千米，宽4.5千米，埋藏深度达50米以上。现以帽天山为依托，建立的帽天山国家地质公园，划定的保护面积为18平方千米，其中核心区保护面积1.2平方千米。这是玉溪、是抚仙湖为全国、为世界慷慨提供的一个实验室和研究所。

帽天山被科学家称为“世界古生物的圣地”“地球生命的摇篮”，而被编入了联合国“全球地质遗址预选名录”。1998年11月，被云南省委、省人民政府定为“云南省爱国主义教育基地”；2001年3月，帽天山被国土资源部批准为首批国家地质公园；2004年9月，国务院总理温家宝做出“保护澄江动物化石群，保护世界化石宝库，保护这个极具科学价值的自然遗产”的重要批示；2006年1月，其被批准为中国国家自然遗产；2012年7月入选世界自然遗产名录，也是中国唯一的化石类世界自然遗产。

3. 禄充——国家 4A 级风景名胜区

抚仙湖畔最让人流连往返的地方当数禄充风景区。禄充坐落在抚仙湖西岸，距澄江县城 19 千米，背依麒麟山，侧靠尖山、笔架山，前临湛蓝如镜的抚仙湖，常年气候温和，是一个集秀山碧水为一体的综合性文化休闲风景区。

在禄充风景区可观赏充满诗情画意的抚仙湖日出及月夜；在笔架山下体验世界上最古老的车水捕鱼，漫步老渔村体验浓郁的渔村风情；或在榕树湾、金沙滩、波息湾游泳、潜水，身心融入抚仙湖清凉的怀抱中，感受抚仙湖的宁静且灵动的水世界；或乘坐水上娱乐船只穿行在抚仙湖的水天一色中。累了、闲了，就坐在上百年的古榕树下感受满眼晃动的绿意，枕着暖融融的阳光和抚仙湖清凉的湖风甜甜入梦。

4. 碧云寺

寻仙问道、寻幽探胜，把目光稍稍从抚仙湖挪开 90 度角，就能看到碧云寺。

碧云寺属国家 2A 级风景名胜区，位于江川县境内抚仙湖畔明星村西面的碧云山上，是一个有 36 间殿堂，佛道合一、以道教为主的寺庙。其主体建筑始建于明朝永乐年间，距今已经有600多年的历史了。历史上，碧云寺占天时地利，历代修建，“素负滇南名胜之佳”，盛极一时。可惜的是，“文革”时期，所有庙宇毁于一旦，目前大家看到的建筑是1982年之后经多次修缮形成的。碧云寺与一般的道教庙宇有所不同，其殿堂不是依山沿中轴线对称布局，而是沿山体一字排开，面向抚仙湖，建筑精雕细刻，古朴典雅。

碧云寺是观赏抚仙湖美景的最佳地方。极目远眺，万顷碧波泛眼底，远山静卧荡绿意，彩笔难绘美景图，心神醉在湖水间。

5. 明星渔洞——铜锅煮鱼发源地

前有抚仙湖碧波荡漾，后有碧云山碧绿连云，郁郁葱葱的榕树合围湖畔，溢绿摇翠，湖与山交相辉映，构成了一幅湖光山色山水画。能坐拥如此撩心扉的山水，定然是明星渔洞了。

明星渔洞位于江川区境内抚仙湖东岸。灿烂的古滇国青铜文化在江川、澄江一带孕育了独具特色的铜锅饮食文化。其中最具代表性的莫过于铜锅鱼，已有400多年历史，而明星鱼洞的铜锅鱼更是“天下第一，举世无双”。

明星鱼洞采用车水捕鱼，古朴奇特，吃鱼更是别具一格。铜锅煮鱼，清汤白鱼，配上一碗用辣椒面、葱、姜、大蒜、花椒等多种调料特制的蘸水，再加上一锅铜锣锅焖洋芋饭，尽可放开肚皮地尽情“甩”（吃）。饱餐之后盘脚坐在湖边的沙滩上，面对静谧的抚仙湖，回味这鲜味和野趣，叫人永远难以忘怀。

6. 秀山——秀甲南滇

秀山位于通海杞麓湖畔，在《大明一统志》里，秀山被列为云南“四大名山”之一，与昆明的金马山、碧鸡山及大理的苍山齐名。唐朝时叫秀山，宋代名叫普光山，元、明称玉隐山，清代又恢复了秀山之名。清康熙时，云南按察使许弘勋在《通海邑志序》中称誉秀山为“秀甲南滇”。从此美名远扬。民国二十六年（1937 年）始名秀山公园。

这是一座秀雅的小山，又是一座雄奇的名山，也是一座需要漫游、需要阅读的诗山。

秀山有三绝：古建筑、匾山联海、名木古树。其古建筑始于西汉元鼎元年（前 116 年）。当时，汉武帝封庄蹻的后裔毋波为（田勾）町王，毋波开始在山上辟山林，建古刹，立亭、园。千百年来，经通海节度使、大理国王段思平等历代的扩建修缮，文人学士、百姓官宦的爱护与完善，遂成为林木丰茂、文采斐然、遐迩闻名的游览胜地。历唐、宋、元、明、清5个朝代，至今尚存宋、元、明、清4个朝代的（晌）町王庙、三元宫、普光寺、玉皇阁、清凉台、涌金寺、白龙寺七大古建筑群体，共计63个单体建筑，被誉为“云南省古建筑博物馆”。

昔人曾以“山环海镜”称赞通海湖山之澄澈俊美，而对秀山之文学、书法艺术珍品，则又以“匾山联海”誉之。秀山几乎可谓无额不匾、无楣不联、无壁不诗。现存匾约100块，对联近200副。匾联中绝大多数是精心构思、慧心点悟、潜心描摹的通海湖光山色。景中寓情含理，饱含世态人情、哲理幽思、宗教玄谈，更令人回味深长。秀山的匾联、诗词，体现了中原文化与云南地方文化的结

秀　山

合，是云南文化的缩影。

秀山古树有“四绝”：宋代柏，元代香杉，明朝玉兰、茶花。

登秀山，近观翠林芳草，聆听清泉幽韵，远眺南山北湖峙对，万壑千峰笏立，云山烟霞岚绕，真乃仙韵无穷。秀山寺院构建有致，山中禅院森森，曲径通幽，古色古香，不但有道家（三元宫、颢穹宫）、佛家（清凉台、涌金寺等）、儒家（海月楼、酌花楼等）的和谐融洽，更有各朝代风格独异的楼台亭阁掩映其间。

1962年，敬爱的朱德元帅来到通海视察工作。这是朱德继1915年驻军秀山后第二次来到通海。抚今思昔，诗兴勃发，他为秀山写下了流传千古的名诗《夏日访通海》：“夏日访通海，通海一长湖；四围青山绕，流水洞中输；秀山雄城后，林茂似玉壶；此地文物盛，花桩百样殊；幽人养兰芷，留有数千株；手工艺术巧，百货畅无虞。”诗中一个“雄”字既让我们感悟到秀山通海历史的沧桑，也让人体味到秀山磅礴文气的氤氲。这里不仅有毋波、段思平的威武，也有山水文章的秀雅。名流和百姓都为这雄踞城南的秀山而来。

明代大旅行家、地理学家徐霞客遍游名山大川来到通海，攀登秀山，写下“迤东之县通海为最胜”之后，又在红云殿为秀山留下了永垂青史的一笔：“道由省中南过通海县，游县南之秀山。上一里半为颢穹宫，宫前巨山茶二株……红云殿宫建自万历初，距今才六十载，山茶树逐冠南土。”（《徐霞客游记·游颜洞记》）而早在约100前，秀山的山色文采和秀山茶花，已吸引了明代另一位大文豪、四川状元杨升庵。他不仅来通海与同年进士缪碌溪诗酒唱和，且为秀山写下了吟咏山茶的滚烫诗句：“山茶竞开如火燃，山城淑气销寒烟。”

2006年5月25日，秀山古建筑群作为元至民国时期古建筑，被国务院批准列入第六批全国重点文物保护单位名单，属国家4A级旅游区。

7. 哀牢山：与红河水缠绵的绿色屏障

哀牢山、红河水，自古至今，不仅是云南中部自然地理的分界线，同时也是云南民族行政划分和迁徙的走廊。从红河沿岸到哀牢山间，世辈繁衍生息着彝族、傣族、汉族、哈尼族、拉祜族等民族，新平县、元江县幸福地偎依在哀牢山碧峰间，古老的文明在这里传承，古老的歌舞在这里欢腾……

哀牢山横贯云南中部，为元江与阿墨江的分水岭，也是云贵高原和横断山脉两大地貌区的分界线，更是云贵高原气候的天然屏障。它是当今世界同纬度地带上保存面积最大的亚热带山地常绿阔叶林。最高峰大雪锅山，海拔 3137 米。1988 年，国务院把哀牢山中段南北长 102 千米、东西宽 5 千米，总面积约 5 万公顷的主资源区列为国家级自然保护区，其中 58% 在新平县境内。特殊而优越的自然条件，使哀牢山成为巨大的天然生物种的种质资源的基因库，成为云南动植物王国中的“天然博物馆”和“标本园”。因为生物特种的多样化，以及保存完整的生态系统，国家级自然保护区哀牢山被列为联合国“人与生物圈”森林生态系统定位观察站和国际候鸟保护基地，也是生态休闲和民俗风情旅游的理想目的地。

哀牢山上流泉飞瀑，珍禽异兽，古藤奇树，层峦叠嶂，掩映着天造地设的南恩大瀑布、十里河瀑布、茶马古道、十里长河、石门峡等景观，奇山异水，天下独绝。如今哀牢山茶马古道上摇曳的铃铛声，早已消逝在茫茫的原始森林。马帮消逝，古道犹存。步入中国花腰傣之乡新平，丰美的旅游景观让人目不暇接。这里有如诗如画的国家森林公园磨盘山，有巍峨绵亘、雄险奇丽的国家级自然保护区哀牢山，有长满青苔的哀牢山茶马古道和戛洒大槟榔园花腰傣民族文化生态村，有漠沙大沐浴花腰傣民族文化生态村、有南碱花腰傣民族文化传习馆、有旖旎的红河亚热带谷地风光，还有迷人的东方情人节花腰傣花街节，充分展现了生态园林、民族人文、民族历史文化相互辉映的迷人特色。投入哀牢山神秘而博大的怀抱中，可听南恩瀑布银龙狂舞的交响乐章，可观彩云深处幽谧险峻的石门峡，可走隐于参天古树间南来北往的茶马古道，可品那些用红线、秧箩和情歌串起的花腰傣传奇。承载千年沧桑的哀牢古道和豪气冲天的戛洒汤锅、浪漫爱情的花街节……激起多少人对青山绿水的神往、对哀牢历史的缅怀。

神秘哀牢山，山有多高，水就有多长。其美可概为4字：一“雄”，当数南恩流川枫瀑布。山中最大的叠水瀑布南恩河瀑布以排山倒海之势从百米高的悬崖上飞溅而下，轰鸣水声地动山摇。

二“险”，以石门峡为最。那是藏在连绵起伏的山岭间的快乐的河流，狂野恣肆地在峡谷里冲出一条奔涌向前、茫然无知的前途。沿途密林丛生，山石险峻，还没看到河流，已听到流水跌宕击石的声响，打破原始密林的静谧。“奔涛振石壁，峰势如动摇”，沿途或乘竹筏前行，或踩着湿滑的石头小心前行，一步一景，令人心旷神怡。三“奇”，可推西黑冠长臂猿和打雀山。哀牢山国家级自然保护区中心地带，人迹罕至，生态自然保护极好。而在这里，如果时机凑巧就能看到西黑冠长臂猿。西黑冠长臂猿全世界仅有300群1500多只。新平县是西黑冠长臂猿最佳栖居地，新平哀牢山国家级自然保护区区，就有170群500多只。如果有幸能碰上“密林猿影”定给人带来好运。位于哀牢山中的者竜乡境内的界牌村后山的打雀山，地理位置独特，每到秋季，白露节气，一年一度的候鸟迁徙都会经过此地。20世纪90年代，中科院把此地确定为“国际候鸟”迁徙定位观测站。四“峻”，则以金山丫口原始森林为最。这里藤木交错、古树参天，是哀牢山国家级自然保护区核心地带，有熊出没。这里是珍贵的动植物乐园，生长着倒卵叶石栎、云南铁杉、云南红豆杉、“活化树”桫椤等世界珍稀树种，更有绿孔雀、蜂猴、花豹、黑熊等珍稀动物。

壮美神秘的哀牢山，更造成了悠远繁荣的“茶马文化”。古时的茶马古道始于普洱，马帮驮着茶叶、井盐和东南亚的土特产，翻越哀牢山崇山峻岭、原始密林、溪河流泉，最终到达终点昆明，再驮回中原产的洋烟、土布和丝绸、工艺品。这条滇西南与内地联系的重要商道，被誉为“古代南方丝绸之路”。这风光最美的一条古道，也是一条险峻的生命之道。茶马古道所经之地多是哀牢山的心腹之地，多为无人区。这里有“一夫当关，万夫莫开”的险要地势，有“一山分四季，隔里

茫茫哀牢山

不同天”的特殊立体气候，曾是土司、商霸、兵匪必争之地。新中国成立前，翻越哀牢山古道，每天都有 800 多匹骡马、1000 多商人从这里通过。翻越哀牢山原始森林、抢渡红河，成为商客、马帮在这条古道上最凶险的经历。

三月半年才回转，无数大马帮在这条古道上默默行走，经历着人间的悲欢离合。千百年来，南来北往的商旅马帮在哀牢山中走出了无数条茶马古道。马踏人踩而出的坎坷古道，记录下了前人的梦想、动人的故事和走过这里的人们的生活：彝族的粗犷，花腰傣的柔美，哈尼族的奔放和佤族的狂热。随着马铃悠远，赶马哥的山歌消失在大山深处，岁月也把古道藏在了密林深处。今天，旅游的开发让它又来到了人间。细心、贴心的景区设施，使茶马古道披挂着历史的风云再次走向越来越多的游客，茶马古道成为旅游者最喜爱的、具有丰富文化内涵的探险采风景区，一波波远方的探路者和游客，沿着古道走向密林，用脚步回顾历史，探寻古道沧桑。

8. 那诺梯田：用稻谷和勤劳修砌的云梯

元江南岸的哈尼族小山乡那诺，深藏大山，

却因梯田云海、哈尼文化闻名于滇中。

出元江县城，在哀牢山中不断盘旋而上 66 千米，从海拔 300 米直攀至 1700 米，那诺梯田就落落大方地呈现于眼前。那诺是一个哈尼族民族乡，属红河哈尼文化走廊的上游地段，以哈尼梯田文化名噪滇中。明代的徐光启就曾在《农政全书》中将哈尼梯田列入全国七大田制之一，称为“世外梯田”。

哈尼族源于古代的氐羌，是一个历史悠久的民族。据史书记载，早在公元前 6 世纪至前 3 世纪，哈尼族的先民们就从遥远的北方一条江边上的“努美阿玛”平原经“谷哈”南迁至元江这块美丽富饶的沃土上繁衍生息。他们凭借自己的智慧和丰富的经验，把一座座大山开垦成了直入云海的梯田，并创造出独具特色的梯田文化。在梯

那诺梯田

田文化中，不仅有浩如烟海的生产歌、祭祀歌、习俗歌、情歌，还用很多古朴雄浑的舞蹈，体现了哈尼人民的智慧和才艺。

“绣”在山梁上的那诺梯田，是哈尼族历史悠久的农耕文化的集中体现。近万亩的梯田沿着高耸入云的哀牢山从山脚一直修到山顶，一块块梯田连成了一级级让人叹为观止的“天梯”，层层叠叠，埂回沟转，鳞次栉比，村庄则嵌在梯田中。每个季节，梯田都呈现出令人叹为观止的景致：春天，栽秧之前的梯田田埂轮廓清晰，田中积水像片片明镜，把蓝天白云留在了山头；夏日，梯田里稻谷翠绿、生机盎然；秋日稻谷成熟，一派金黄从山头泼下；冬天，云雾缭绕，仿佛撕下天上云彩做成了冬衣。

“山有多高，水就有多高”真是个传说吗？难以想象，延伸这么高的梯田，它的水从哪里来？听当地人说，山中水系丰富，有多条水沟分布于不同的海拔等高线上，横贯全境。自古以来，各村各户都是通过小沟小渠用刻木刻、雕石格的方法分配水源，以田为渠，上流下淌，成为一体。原始的刻石分水，避免了由水而生的纠纷，才有不断开垦和攀升的梯田。

并不是所有的流水都以远行为目标，眼前梯田里的高山流水，流不远，也流不长。每年细水长流，无声无息，在田地之间徜徉了数百年，静静地滋养着稻谷、生长着丰收、满足着温饱，也酝酿着一方的安宁。随着劳作的人而在大地上雕塑出的杰作，从此有了“稻花千亩”“鱼米之乡”。

观赏那诺万亩梯田，可极目远眺，一山接一山，梯田依山形地势而层层叠叠、连绵不绝，气势震撼，逶迤磅礴，错落有致；可用望远镜、相机镜头拉近再看，或有村子枕在梯田一侧，袅袅炊烟升腾而起，或有一两间小茅屋立于山顶，在梯田环绕中，安详而温暖。那诺哈尼云海梯田最佳的观景季节是每年的十一月至次年的三月，这期间，因独特的地理位置、海拔和冷热空气交融，山谷里云雾升腾，随风变幻出莫测的云海，缠绵在梯田间，形成云海梯田奇观。

大山深处的哈尼族日复一日、年复一年在梯田里耕作收获，也在耕作中娱乐着生活。哈尼族的传统节日是围绕农耕稻作来举行，有庆祝丰收的“哈尼十月年”（农历十月），有预示春耕开始的“黄饭节”（农历三月），有祈祷来年风调雨顺、五谷丰登的“苦扎扎”（农历六月）节等，每年哈尼人民都会在那诺梯田边开展这些丰富多彩的节庆文化活动。其中，“哈尼十月年”最为隆重、最具传统色彩。十月年，哈尼语称“美首扎勒特”或“米索扎”。历时五六天，是哈尼族一年中最长，内容最丰富的节日，类似汉族的春节。按照哈尼族历法，哈尼族以十月为岁首，所以每年农历十月的第一个属龙日要过“十月年”。节日期间，各家各户杀猪杀鸡、舂糯米粑粑，祭祀天地、祖先。人们会在寨子广场上架起高大的秋千，举行荡秋千活动。年轻人则聚集在一起举行陀螺比赛和摔跤游戏。晚上，草坪上燃起熊熊篝火，人们围火而歌，围火而舞。敲响铓锣大鼓，弹起三弦、四弦，男女老少载歌载舞，通宵达旦，歌声、鼓声飘荡在山寨的夜空。

好客的哈尼族过年期间要请附近的其他民族上家里作客。年节期间要举行“资乌都”活动，即欢乐幸福的酒会。各家各户将烹制好的各种美味佳肴用小篾箕端到街心，顺序摆在长长的蔑垫上，菜做得越香越多越好，自己就觉得越体面、越自豪。所以，家家户户的菜都做得特别丰盛、特别好。全寨人同饮共食，通街宴长达百十米，远远望去像一条长龙，特别热闹壮观，也称为“街心宴”“长街宴”。

梯田农耕景观是哈尼族人文历史遗产，是哈尼人民智慧的结晶，是哈尼文化的象征和代表，是哈尼族千百年战胜自然和改造自然的历史缩影。它集中体现了哈尼人民勤劳、勇敢、善良和淳朴的民风，具有深远的历史和深厚的文化底蕴。

9. 玉溪九龙池

九龙池，位于红塔区西北10千米的奇黎山麓。这是新兴州十四景的第一景，有“滇南胜景”之美誉，被列为云南省级风景区，作为风物胜迹载

九龙池

入《中国名胜词典》。九龙池公园以其旺盛清澈的泉水、雄峻多姿的山岩、高大挺拔的松柏和茂密幽深的林木、依山绕石的古今建筑群落，浑融成清静优美的佳境。九龙池公园早在明代就已开发为旅游胜地，其景区内现存的潭桥庙宇、楼台亭阁，多建于明清。

九龙池泉水从“岩石间潺潺流出，聚为一泓，清可鉴发”，不论是盛夏还是寒冬，不论是雨季还是旱季，流淌不息。早在明清时期，九龙池的水就已经被先人利用，顺地势开沟导引灌溉着当地 42 个村的农田。每年农历二月十九日，是民间祭龙的日子，也是赶九龙池庙会的日子，当地百姓汇聚九龙池，祈求风调雨顺、国泰民安、六畜兴旺。同时，也是各村长老聚会，商量九龙池水的管水用水问题的日子。

九龙池水流出后汇集形成飞井海，20 世纪 50 年代，当地政府在飞井海出口处修筑堤坝，建起飞井海水库，灌溉两万多亩良田。九龙胜景不仅以佳景吸引游客寻幽探景，更是百姓心中的“利农灵泉”。如今利农的灵泉，有了更新的用途，九龙池水引水入城，流入玉溪大河，成为中心城区的主要水资源，形成崭新的城市景观体系。

10. 华宁象鼻温泉

象鼻温泉是“中国泉乡”华宁热水泉中的代表，因泉水出自象鼻岭而得名，温泉早在东汉就盛名远扬，被当地人奉为“神水”。度假村内青山苍翠，空气清新，环境幽雅，建筑别致，温泉更是久负盛名。温泉自象鼻岭下石壁间涌出，水温适度（在39 ~ 40℃之间），四季可浴。昔人赞誉象鼻温泉是“能洗沉疴除秽浊，源头深处有丹砂”。温泉水质洁净，据化验表明，温泉属重碳酸泉类，含有13种对人体有益的微量元素和宏量元素，其中偏硅酸、锶、锂3种元素的含量达国家饮用天然矿泉水标准，被称为“优质珍贵饮用矿泉水”。镭、氡等元素则对人体多种疾病有疗效。“入浴解教人似玉，到来几许貌如花。春寒我欲频经此，童冠讴歌乐岁华”。泉上重峦叠嶂，水口龙洞河清澈如镜，水底卵石历历可数。两岸苍松翠柏，野花芳草，景色宜人。

11. 易门龙泉公园

风景如画的龙泉国家森林公园坐落于易门县

城西 1 千米的山上，三山环抱，一水中流，古森参天，浓荫蔽日，亭台楼阁错落其间，奇木古树，泉水清澈。公园占地 1.2 万亩，其中森林覆盖率达 95% 以上。远在明朝时，这里就开山建寺，清代各寺庙已渐成规模，为一方游览胜地。民国年间大龙口已被誉为“滇西第一名胜”。在西山石壁下，有一大溶洞，俗称“龙洞”，龙泉水从洞中流出，常年丰盈，当地人称“大龙口”。龙泉水有“洟源第一泉”之美称，是易门县城及坝子的主要饮用和灌溉水源。1959 年，聚龙泉水在山口修建成“龙泉水库”，依山而建长廊，成为当地人清晨锻炼和外地游客观光的好去处。

12. 高香万亩生态茶文化旅游区

高香万亩生态茶文化旅游区地处峨山县内，位于昆洛线 150 千米以北 7 千米，是距昆明最近的、唯一的万亩生态茶园（驾车 2 小时）。茶园与自然森林重复叠嶂，蔚为壮观。奇花异草，溪流不断，自然、奇香、灵气的高香茶是生态环境的最好见证与展现。

倍受茶叶专家赞美的高香生态茶园，享有“世界特有小气候茶园”之称。茶区海拔 2000 米，周边有两万多亩的生态自然保护区，溪流四季不断，奇花、异草为高香茶增添了无限的灵香，饮之舌面生津，齿颊留香，先有栗香，后有豆香，新、奇、韵，且有沁人心脾之感。1996年代表云南茶荣登“中国名茶榜”，轰动茶坛，名留茶史。

13. **天子山温泉**

峨山县小街天子山温泉中含有丰富的微量元素，对人体有益。温泉热浴不仅可使肌肉、关节松弛，消除疲劳，还可扩张血管，促进血液循环，加速人体新陈代谢。在这里，游客可以尽情体验温泉水上系列活动，给身心放个假。当肌肤与温泉水亲密接触，在水雾氤氲之中闭上眼睛，放飞思想，无比的惬意便会油然而生。

天子山温泉东面是天子山，天子山林木葱郁，鸟语花香。在鸟语花香中拾级而上，半个小时便可到达天子山顶。从天子山顶向西远眺，风光秀丽、巧夺天工的峨山坝子神秘太极图便呈现在眼前了。

六、城市风貌

1949 年 12 月 9 日，国民党云南省政府主席卢汉向全省通电起义，云南和平解放。12 月 18 日，玉溪军事管制委员会成立，玉溪和平解放。随着玉溪的解放，玉溪城千年的历史翻开新的篇章，开始了它多姿多彩的建设历程。

（一）玉溪城的变迁

玉溪城俗称“州城”，又称“新兴州”（新兴州之名最初见于元代），是玉溪市与红塔区两级政府所在地，是玉溪的政治、经济、文化中心。玉溪老城至今还保存有较为完好的“四山一水”的自然格局、“两轴四门、九街九坊”的城市格局和“风车型”的街巷格局。老城的选址与其周围自然山水相融，解放后的城市重点项目，如玉溪卷烟厂、机床厂、玉溪师院、运输公司等，多在红塔山下的山坡地选址建设。玉溪城依托自然空间轴线的组织，形成的空间形态是玉溪老城最核心的部分，保留下来的民居、公共建筑等空间要素具有原真性和不可复制性，也是玉溪历史文化的重要组成部分，反映了原真的城市记忆和发展历程，体现了较为独特的历史价值和文化特征。

玉溪市是由农业县发展起来的新兴城市。该地区解放后，在共产党、人民政府的领导下，走社会主义道路，经济发展很快。特别是党的十一届三中全会以后，坚持改革开放的方针，经济飞跃发展。

1. 中心城区的发展

1950年1月1日，滇中区人民行政专员公署（同年3月改称玉溪行政专员公署）和玉溪县人民政府成立。此时的州城已是中共玉溪地委、玉溪专员公署、玉溪军分区、中共玉溪县委、玉溪县人民政府和棋阳区人民政府的驻地。1950年冬天，州城开始拆旧迎新，拆除城墙，整修街道。1952年玉溪县人民政府为了疏通城市交通，从城南、城西、城北三面陆续拆除了城楼和大部分城墙。1956年基本拆完，只留下城东党政军机关驻地的部分城墙未拆，将庙宇祠堂改用于党政军机关、企事业单位和居民住宅用房。20 世纪 70 年代，中心城区城市建设近乎停滞，国有企业、厂矿成飞地型散落分布在城市周边的东、北和南面。

20 世纪 80 年代是中心城区发展的起步阶段，由停滞到复苏，并走向加速期。1980 年，玉溪县人民政府决定，废除原来的行政街，根据街道的走向、地理位置及历史沿革，重新命名街道。这一时期，中心城区的主干道路很大程度上得到并扩建，从此拉开了玉溪城道路建设的序幕，逐步将周边的国有企业、厂矿区域与城区连成一体。1949 年新中国成立时，玉溪老城建成区以新兴路为中心，总面积约为 0.33 平方千米，但到 1986 年建成区面积扩大为 6.4 平方千米。

1983 年 9 月 9 日，经国务院批准撤县设市，

玉溪市中心城区

玉溪县改设玉溪市（县级），隶属玉溪地区行政公署。建市后，州城的城市建设发展很快。

新建聂耳公园。为了缅怀聂耳，激励后人，让聂耳精神永驻故乡，位于玉溪中心城区南门街南端的聂耳公园，于 1985 年 6 月 3 日破土动工，1987 年 7 月 17 日落成典礼。公园占地面积 13 万平方米，是一座以纪念人民音乐家聂耳为主，兼容文化、休闲和娱乐的综合性公园。园内分为纪念区、游乐区、文化活动区、安静休息区、儿童游乐区、花卉生产观赏区和公园管理区。纪念区位于公园东北，由北门、花坛、琴台、涌泉、花架、聂耳铜像、聂耳纪念馆等景点组成。聂耳铜像身体前倾，表情庄严，风衣飘舞，双臂高举，呈打拍姿态，站立在墨玉石的基座上，仿佛正在指挥高唱《义勇军进行曲》。聂耳铜像东侧有聂耳纪念馆，建筑面积 1134.87 平方米。游乐区位于公园中部，主要由知音湖、湖中小叶舟、连理亭和春晓楼等景点组成。春晓楼建在公园最高处，由 1 座两层楼阁和 3 座凉亭组成，亭与亭之间曲廊相连，可以眺望公园的全景。文化活动区位于知音湖西岸，以紫艺苑为中心。紫艺苑为庭院式建筑，是文人墨客吟诗作画的好地方。紫艺苑旁的半岛则是茶花园。安静休息区位于公园南，由鹤月轩、风雨桥、石船坞、茅屋等景点组成。儿童乐园位于公园西北。花卉生产观赏区位于公园西侧，由温室和荟春园组成。聂耳公园内湖光水色、鸟语花香、四季常青，既改善了中心城区的生态环境面貌，更为市民娱乐健身及外地游客观光游玩提供了一个好的场所。

为了适应经济发展，历届市委、市政府坚持把城市建设与经济建设紧密结合起来，按照建设现代化中等城市的格局，以规划为龙头，以开发区建设和城市基础设施建设为重点，采取一系列措施，加强城市供水、排水、公路交通、电信、电力、环境保护、城市卫生、园林绿化等基础设施的建设和管理，分别于 1982 年、1987 年、1999 年和 2005 年 4 次对《玉溪市城市总体规划》进行了修编、完善和补充，始终保持规划的延续性、前瞻性和科学性，对城市建设和社会经济发展发挥了重要的指导工作。

1997 年 12 月 13 日，经国务院批准，撤销玉溪地区和县级玉溪市，设立地级玉溪市和县级红塔区，玉溪迎来了新的发展机遇。至 1998 年底，玉溪的城区面积已经扩展到 15.4 平方千米，城区道路达到 120 千米，人行道路面面积达到 100 万平方米，绿地面积 319 公顷，园林面积 274 公顷，城区绿地覆盖率达 9.9%。这一时期，玉溪的城市环境品位大大提升，初步显现出生态宜居城市的魅力。

21 世纪是城市的世纪，人们对生态环境问题和可持续发展的认识越来越深入，玉溪市开启了凝结着玉溪人智慧、胆识、气魄和时代精神的生态城市建设创新发展道路。自 2003 年后，玉溪中心城区建设走向组团式发展道路，并以生态建设为重点，实施了“九大项目”重点工程。聂耳文化广场、玉溪大河公园、出水口生态公园的建成，使城市北片区逐步形成生态文化核心区域。中心城区建成区面积由 2002 年的 18 平方千米扩大到 2011 年的 25 平方千米，建成生态景观 200 多公顷，水面面积扩大到 40 多公顷，绿化覆盖率由 31% 提高到 37%，人均绿地面积由 8 平方米增加到 14.6 平方米。城镇人均住房面积由 2003 年的 25.5 平方米提高到 2011 年的 43.7 平方米。这一阶段，玉溪城的建设形成了以老城区为核心，向周围拓展和辐射的格局。红塔集团生态工业园、红塔工业旅游园区和高新技术生态产业园区有机地融入老城区，玉溪形成了现代生态产业园区、现代生态居住区与中心城区和谐发展的新格局。

即使城市不断扩大，老城区依然是玉溪人休闲游玩、品尝美食与逛街购物的首选商业区域，是玉溪城人气最旺盛的片区。几条历史气息浓厚的步行街如新兴路、人民路、南门街、北门街等，依旧承载着城市中商品交易重要场所的历史使命。值得一提的是，玉溪市注重中心城区老城的保护与更新，让老城区烙上聂耳与音乐的标签，率先成为玉溪的特色城标。

2. 名人故居与历史建筑

玉溪历史悠久，文化遗存较多，文物资源丰富，具有重要历史、人文及观赏价值的名人故居留存也较多。在老城区内，保留有从民国时期一直延续下来的街区风貌及大量清朝末期及民国时期的各类民居历史建筑，反映了玉溪市城市文化及城市精神的历史，是玉溪历史上各个时期社会、经济、政治、文化等诸多方面的见证，展示着不同时期玉溪人民的生产、生活情况。

聂耳故居。玉溪聂耳故居位于中心城区北门街3号，系聂耳的曾祖父聂连登于清末所建，传至聂耳的父亲聂鸿仪，留下了聂耳少年生活的点点滴滴。聂耳故居是一楼一底木结构建筑，临街面楼下原为半截砖墙，外有护板，上部为活动木板窗，开为铺面。街面楼下房檐上仍有半截依稀可见的浮雕图案。聂耳故居于1992年修复并对外开放，1998年被列为省级重点文物保护单位。

郑氏旧居。位于中心城区棋阳路35号，凹字形、砖木结构，一楼一底层旧瓦房，为清末时期建筑，是玉溪两大兄弟名人——郑易里和郑一斋先生的故居。

李鸿祥旧居。又称“将军第”，位于中心城区聂耳路4号，坐北朝南，蜈蚣脊5个院落，土木结构建筑。该房屋为明清时期建筑，有着深厚的历史人文底蕴。

赵佩青故居。位于中心城区新兴路105号，坐北朝南，是云南特有的“一颗印”式建筑。主体建筑有倒座戏楼、走马转阁楼、正房、厢房。倒座戏楼顶层两侧建有西洋式水亭，整体建筑布局具有中西合璧的特点。该房屋建于清末，对研究玉溪清末时期本土民居建筑历史具有重要价值。

黄允中旧居。又称愚公馆，位于中心城区南门街 18 号。建于民国年间，是红塔区境内中西合璧、亦古亦今保存较为完整的古建筑之一。整栋房屋为砖木两层楼结构，外墙基座以青石贴面，大型拱券式门窗具有浓重的西洋风格，室内有旋转实木楼梯连接至二楼。

文兴祥商号。位于棋阳路 62–2 号，占地面积 715.29 平方米，是玉溪人郭兴民在 20 世纪 30 年代建造并用来做棉纱换布生意的一个商号，是中西结合的“五天井天台”的建筑代表，是玉溪市唯一保存较完整的近代优秀建筑物，具有较高的历史、艺术和科学价值。2013 年 3 月 5 日，文兴祥商号被国务院列为全国重点文物保护单位。

玉溪古窑遗址。在玉溪城的历史遗址中，玉溪古窑遗址作为玉溪一张古老的名片，其承载的历史文化价值不可估量。玉溪古窑遗址位于红塔山脚的瓦窑村，是我国元、明时代除景德镇窑以外生产青花瓷的重要窑场，于 1960 年被调查发现并认定。玉溪古窑青花瓷作为中国古代陶瓷的代表先后在大英博物馆、牛津大学博物馆、香港冯平山博物馆展出。玉溪古窑的青花瓷器的纹饰与景德镇青花瓷有许多相似之处，但又有明显的地方色彩。有关专家认为，玉溪古窑年代属元末明初时期。玉溪古窑的发现，证明云南也是早期生产青花瓷的地区之一，为云南瓷器起源提供了丰富的实物资料。2013 年 6 月，玉溪古窑遗址被列入“国家级重点文物保护”名录。

玉溪文庙。位于中心城区小庙街，原称新兴州文庙，由新兴州进士管灏倡议并带头捐赠银两建成。建成于康熙五十二年（1713 年），原先面貌的文庙面积较大、历史悠久、布局严谨、建筑雄伟，占地面积 12.69 亩，共建房屋 68 间。历尽岁月沧桑后的文庙，现存碑刻 10 余块，当年大规模的古建筑群，现也仅存大成殿和文星阁。2005 年 11 月，在小庙街改造二期工程中，市政府对文庙主体建筑进行了修复，开辟为公园，成为市民开展文体活动与休闲娱乐及游客观光游玩的好地方。现今的文庙，大成殿与文星阁经过原貌恢复修缮，焕然一新。文庙中轴线上依次设立的泮池、棂星门、大成门古色古香，大成殿巍然于文庙中央，殿内孔子及弟子塑像惟妙惟肖。玉溪文庙是与我国古代著名人物有关的古建筑，又是近代革命的教育宣传基地，人民音乐家聂耳曾在里面演过戏，进行革命宣传活动；玉溪县立简易师范学校、广文学校曾设于此，它也是中共玉溪地下党的重要活动地点，培养了大批革命干部，具有重要的纪念意义、教育作用和历史价值。

3. **交通建设快速发展**

玉溪的交通线路众多，以老城区为中心构成了公路、铁路交通运输网，南来北往，畅通无阻，对城市的发展起到了很好的促进作用。1987 年 4 月，玉溪市人民政府重新命名了城区道路 39 条、新居民区 4 处。这一时期的玉溪城，基本形成了网格式道路结构，城市照明、供水排水、交通设施等得到加强。这一时期，崭新的州城已具城市雏形，大路街道绿树成荫，楼房新颖，鳞次栉比，文化区、工厂区、商业区成龙配套，层次分明，新兴城市的规模已具雏形。

20 世纪 90 年代是中心城区道路交通建设发展的加速期，玉溪城发生了翻天覆地的大变化，城区主干道路与外围道路得到了极大的扩建。

1990年6月19日，新建的玉溪汽车客运中心站落成开业。1993年6月18日，昆明至玉溪汽车专用二级公路建成通车；同年12月22日，昆玉铁路建成通车。1996年12月28日，玉溪到元江高等级公路破土动工。1998年12月10日，昆玉铁路开始客运。1999年4月17日，昆玉高速公路正式通车。自此，玉溪乘汽车至昆明的行程时间控制在2小时内，大大缩短了玉溪与省城的时空距离。

进入21世纪后，玉溪的城市道路交通建设仍处在快速发展时期，并逐步走上了高标准规划、高水平管理的轨道上来。2003年3月，中心城区实施无障碍设施建设，建设盲道11.72千米，缘

九龙立交

昆玉动车

石坡路 510 处，方便残疾人行走，设置盲人专线 12 千米，盲道口 437 个。主干道路修建了北二环路、河滨路、红塔大道延长线、环山路北段、棋阳北路、明珠路至高仓段道路；外围修建了新西河路、九龙路，开发区的路网也依照规划基本修建完毕。

随着城市化进程的加快，中心城区人口迅速增加，老城区的交通逐渐显现出超负荷状况。2009 年 2 月，玉溪市政府常务会议通过了《玉溪市中心城区教育资源优化配置方案》（后称《方案》），《方案》被视作实现教育资源均衡化的一个举措，也是一个为已不堪重负的老城区“减负”的开始。《方案》提出，将红塔区第三幼儿园与红塔幼儿园合并办学；玉溪第一小学与东风小学合并办学；原玉溪工业学校旧址划拨给红塔区办学；玉溪第二职业中学扩容增量，办成万人规模的中等职业学校。《方案》的推出，把部分人流和车流从中心城区分流出去，在很大程度上改善了中心城区的交通拥堵问题。

2009年9月29日，玉溪市启动中心城区重要的道路交通环境综合整治项目——棋阳路拓宽改造工程。经过二期工程的改造，棋阳路路面窄、路况差、道路等级低、通行能力弱的状况得到了根本改善。同时，将北片生态文化区和老城区紧密连接起来，中心城区面貌焕然一新，宽阔的马路缓解交通压力的同时，也美化了玉溪主城区环境。

玉蒙铁路的开通。玉（溪）蒙（自）铁路是国家实施西部大开发战略和云南桥头堡建设重点工程，是泛亚铁路的一个重要组成部分。铁路于2005年9月1日开工，2013年2月23日开通运营。玉蒙铁路的开通，促成玉溪成为国际大通道的重要枢纽，这对加快玉溪对外开放步伐、发展外向型经济具有战略意义。

中心客运站外迁。玉溪客运站地处中心城区

交通要道和繁华地段，加之旅客流量逐渐增大，给中心城区的交通带来较大压力，随着社会经济和交通事业的不断发展，玉溪中心客运站从站场规模到所处位置均不适应社会发展的需要。2009年，玉溪市委、市政府决定对中心客运站进行搬迁，新址选于高仓立交西南角。2015年1月，玉溪城南交通枢纽中心（汽车客运站）项目开工建设。项目建成后，现有的中心客运站、高快客运站和城西客运站将集中搬至于此，实现“三站合一”，缓解中心城区特别是珊瑚路片区交通压力。

4. 旧城改造打造宜居城市魅力

玉溪中心城区的房子大都为民居，这些民居建筑年代久，结构老化，外表破旧，房屋空间密实狭小，建筑密度过大，抗震防火防洪功能不完善，安全隐患大。

1998年建市以来，玉溪市历届市委、市政府都十分重视城市基础设施建设，把人民群众对城市环境、生活质量的要求放在重要位置上，建立健全了城市规划、建设、管理机构，实施了科学有效的管理，城市基础设施显著改善，为中心城区城市品质提升、突出中心城区核心地位、建设玉溪成为现代宜居生态城市打下了坚实的基础。

小庙街改造。2002年，玉溪市启动了小庙街的改造工作，这是玉溪市首次较大规模的旧城拆迁改造工程。根据《玉溪市城市总体规划》和《玉溪市小庙街旧城改造详细规划》，以军分区搬迁为基础着手改造小庙街，以此为旧城改造建设突破口。

在玉溪的旧城改造史上，小庙街旧城改造进展之顺利是前所未有的。一期工程项目自2001年10月1日发布公告以来，历时一个月便完成了拆迁安置工作。小庙街商贸城2002年破土动工建设，2003年1月29日一期工程竣工并投入使用。2006年，小庙街完成了二期工程的改造。改造赋予了小庙街这个玉溪老商业区新的生命力，一个崭新的建筑群取代了过去灰暗的"城中村"现象，商铺面积是过去拆迁前铺面面积的一倍以上，商铺比过去多出两三倍。青石板路连接着一幢幢古典楼房，一律青瓦白墙、红色雕花门窗相映，房屋布局颇具传统四合院的韵味，时尚、娱乐、美食及手机贸易都集中在这里，成为集商业、文化旅游、居住为一体的特色商贸城。

规划是城市建设之本。2010 年，玉溪以中心城区生态城市建设为重点推进生态市建设，实施“三河两山两区一老城”的布局规划，统筹空间布局、产业发展、交通网络规划建设，拉开城市构架，拓展城市发展空间；完成玉溪市土地利用总体规划、城市总体规划修编和生态城市规划、中心城区 20 平方千米生态文化区规划编制；完成玉溪老城保护规划，稳妥推进老城区改造；进一步完善市区两级管理体制，提高城市建设管理水平。

2013 年 10 月 22 日，玉溪中心城区首个城市综合体项目、投资 100 亿元的玉溪红星国际广场城市综合体项目正式开工建设。同年 12 月 19 日，玉溪新天地商业广场项目开工，项目占地面积 202 亩，总投资 65 亿元。城市综合体的建设，将商业、居住、娱乐等城市功能集合为一体，优化城市空间布局，改善人居环境和交通状况，增强城市集聚力和辐射带动力，提升城市形象和品质，有利于打造玉溪成为现代都市区。

老工厂区迁出中心城区。20 世纪 80 年代作为郊区的地方，随着城市的发展已经成为中心区域，居民住宅与工厂毗邻，特殊的气味终年挥之不去。为提升城市品位，推动生态立市的战略，2015年，中心城区19户工业企业其他污染企业退出城区，进入工业园区。

5. 南片区，高新科技繁荣发展

玉溪老城南部是玉溪市高新科技集聚区，位于其中心区域的高新区科技创业园是高新区引入和培育中小企业创新创业而投资建设的科技创新孵化器。创业园含科技孵化楼、创业大厦、投资服务中心、高新科技广场4个部分，总建筑面积4.98万平方米，其中主体建筑“高新区创业大厦”可使用面积达2万多平方米，科技孵化楼厂房可使用面积达1万多平方米。科技创业园主要引进、培植、发展科技含量高、技术创新强、具备一定先期开发基础的初始阶段新创企业，优先引入卷烟配套、现代生物技术、新材料新能源技术、电子信息、节能环保、现代农业精深加工技术等符合国家、省、市和高新区产业政策及环保要求的科技型中小企业或科研开发平台，帮助创业者以较低的创业成本、较短的创业周期，创造社会财富、实现创业梦想。

玉溪高新科技创业园是现代科技与自然生态相融合的绿色园区。创业园中的科技广场是个风景秀丽的开放性生态公园，也是市民的应急避难场所，内设应急指挥处等应急系统设施，可容纳避难市民3万人左右。

6. 北片区，生态核心区域

玉溪老城北部是玉溪市的生态文化核心区域，是居住与景区为一体的生态示范区。景区以聂耳文化广场为中心，包含出水口生态公园、玉溪大河等片区。建设总面积约155公顷，其中绿化面积69万平方米，水域面积21万平方米。区内建有出水口大瀑布、观景台、音乐文化广场、文化区、聂耳山、沙滩、玉湖、聂耳桥、生态广场、河滨路、兰溪桥等众多景点，是集湖泊河流、楼阁桥梁、名木古树为一体的等20平方千米的休闲生态文化示范区。

（二）生态立市谱写新的篇章

水、空气、森林为主的生态环境是人类生存的基本载体，是人民生产生活的命脉，是当代经济社会发展的根基。2003年以来，玉溪市提出并坚定不移实施以改革开放和科技进步为动力的生态立市、环境优先战略，依法治山、治水、治污染，积极争当全省生态文明建设排头兵，生态立市深入人心，生态资本对玉溪经济社会发展的基础性支撑作用日益凸显。

1. 保护治理“三湖”，构建“三湖”生态城市群

抚仙湖、星云湖、杞麓湖是玉溪人民的母亲湖，是玉溪经济社会发展的重要基础和条件。2003 年以来，玉溪市提出“以治理保护湖泊水质为核心，以出流改道工程为突破口，积极实施环湖公路、环湖防污、环湖生态建设、环湖旅游等‘四环’工程，采取点、线、湖结合措施，努力建设玉溪‘三湖’城市群”。先后制定并实施“三湖”保护治理规划，严格实施保护条例，加大综合行政执法力度；积极争取中央和省的支持，实施星云湖—抚仙湖出流改道、抚仙湖东岸截污治污、星云湖十里长堤和杞麓湖调蓄水隧道工程；关闭帽天山周边磷矿，取缔抚仙湖机动船，拆除湖边临违建筑、建设湖滨带及湿地，建设沿湖生态调蓄带，加强农业面源污染防治和主要入湖河道治理，建成东片区暨“三湖”生态保护水资源配置应急工程；

实行抚仙湖径流区统一托管，使抚仙湖稳定保持Ⅰ类水质，星云湖、杞麓湖水质恶化的势头得到遏制，为构建“三湖”生态城市群奠定了坚实基础。

2. 建设生态市，提高竞争力

在保护治理“三湖”的同时，玉溪市科学规划建设生态城市。围绕“一城四点”空间布局，实施了玉溪大河抗旱防洪水系工程、平战结合人防工程、东风水库除险加固与路坝合一、棋阳路改扩建项目，建成聂耳文化广场、两湖大瀑布公园、红塔生态公园，成功打造了集流水、灯光、名木古树、文化为一体的20平方千米的生态文化区和32平方千米的研和新型工业园区。制定并出台了《关于争当全省生态文明建设排头兵的实施意见》，建设新天地、红星国际、高铁新城、临岸三千城等城市综合体，综合整治河流、沟渠、道路、城乡环境卫生，开展路域环境专项整治，推进城市规划区企业“退二进三”，加强天然气利用发展和公交路网等基础设施建设，开展“六城同创”、美化绿化亮化，拆除临违建筑，加强城市综合管理执法。坚持把城乡建设发展与生态环境改善紧密结合，实施森林玉溪、蓝天玉溪、碧水玉溪、园林玉溪、绿色产业、绿色文化 6 大工程，用最严举措低碳发展，最硬措施保护生态。坚持中心城区和县城 PM2.5 监测发布制度，加快燃煤锅炉“煤改气”，淘汰黄标车和老旧车，一级空气天数持续增加，城市面貌焕然一新。2004 年 6 月至 9 月，在“CCTV 2004 年度中国魅力城市”展示活动中，玉溪市从全国 600 多个报名参选的城市中脱颖而出，相继获得入围城市奖、提名城市奖、全国“十佳魅力大使”奖，成为40个入围城市之一。2007 年 1 月 5 日，红塔区被国家环保总局命名为第五批国家生态示范区；同年 5 月，玉溪一小被国家环保总局、教育部联合命名为第四批全国“绿色学校”创建活动先进学校；红塔区葫田社区被

和谐家园

国家环保总局命名为全国“绿色社区”创建活动先进社区。2009 年 8 月，由中国城市竞争力研究会发布的“2009 中国城市分类优势排行榜”中，玉溪首次进入“中国十佳和谐发展城市排行榜”，位列第八。8 月 18 日，玉溪市获“中国十佳休闲宜居生态城市”荣誉称号，是云南省唯一获此殊荣的州市。2012 年，玉溪第六次入选“中国特色魅力城市 200 强”。

实施星云湖—抚仙湖出流改道工程。该工程自 2003 年 11 月开工，历时 4 年，于 2007 年 11 月 17 日全线贯通，全长 25.8 千米，总投资 4.5 亿元。2007 年 12 月 26 日，出流改道工程竣工，通水试运行成功。“两湖倒流”使抚仙湖每年减少 4000 万立方米劣质水，星云湖每年流入数千万米Ⅰ类水。每年 8000 万立方米的两湖之水穿过重重山峦流进玉溪市区。2008 年 1 月 23 日，出水口生态公园二期工程正式完工，工程包括冯家冲 24 米小瀑布、右所立交桥水帘、涌泉及水景、抚仙湖、星云微缩景观等 15 个项目。2008 年 4 月 12 日，全长为 276 米、高差为 13 米的大瀑布出水口生态公园建成通水，出流改道后续完善配套工程正式竣工。

成功创建国家卫生城市。卫生城市是一个城市综合功能和文明程度的重要标志。自2003年提出创建国家卫生城市以来，特别是2009年进入攻坚阶段后，玉溪市在加快经济社会发展的同时，把创建卫生城市作为实施生态立市战略的重要内容，作为提升城市综合竞争力的重大举措和惠民生的重点工作来抓，投入大量人力、物力、财力，进行大规模的城市基础设施建设，开展深入持久的环境综合整治，不断加强市民素质教育，创建工作明显成效。2011年12月20日，玉溪获“国家卫生城市”称号。2015年，全国爱卫办组织专家和相关部门对玉溪市创建国家卫生城市工作进行了暗访和综合评审。2016年2月，玉溪成功通过国家卫生城市复审。

实施玉溪大河防洪水系综合整治工程。2005年4月20日，玉溪中心城区防洪水系综合整治引水入城管道工程正式开工建设，同年10月14日，玉溪大河防洪水系综合整治一期工程开工。玉溪大河防洪水系综合整治是玉溪建设生态城市的基础性工程，通过改造，恢复历史风貌、恢复生态、恢复文化，做强防洪安全，再现“碧玉清溪”，把玉溪大河建设成为玉溪的形象之河。2006 年 1 月 24 日，玉溪大河防洪水系综合整治一期主体工程竣工。该工程起于东风水库出水口，止于市检察院北面，全长 2500 米。2009 年 11 月 15 日，玉溪大河治理二期工程开工，工程被列为 2010 年市政府的十大民生工程之一。工程内容包括河道拓宽改造及水闸、河滨绿地建设、小品建筑、景观照明、给排水及截污工程等。二期工程治理后的河滨生态景观与已建的一期工程相连接，形成以“两河、两岸、六桥、两闸”为基础的滨河生态绿色走廊，为市民提供更好的生态休闲场所，为旅游开发提供更加优良的生态环境。2012 年 11 月，玉溪大河防洪水系综合整治三期工程启动实施。三次工程防洪标准都按 50 年一遇的高标准执行。玉溪大河的三次治理，对提高中心城区防洪抗旱能力，保障人民群众生命财产安全，进一步提升城市品位和竞争力，加快建设现代宜居生态城市起到了积极的促进作用。

启动建设国家海绵城市试点。2016 年 4 月 22 日，在国家海绵城市试点竞争性评审中，玉溪以第四名的好成绩脱颖而出，成为第二批全国 14 家海绵城市试点之一。玉溪市委、市政府高度重视海绵城市试点，成立了相应领导机构和办事机构。按照《玉溪市海绵城市建设试点实施计划》，试点共涉及 7 大类、199 个建设项目，总投资 48.73 亿元。首批项目有山水佳园小区、聂耳东路以及玉湖片区，面积约 2.1 平方千米。玉湖片区作为汇水片区已基本实现了“小雨不积水、大雨不内涝、水体不黑臭、热岛有缓解”的海绵城市要求。至 2016 年 11 月，在建的项目有市中心城区景观提升改造工程、玉江大道海绵工程景观提升改造工程、玉溪大河上游汇水分区聂耳文化广场片区的部分项目。城市地下综合管廊建设 2 个国家建设项目和 4 个省级项目均已开工。计划到 2020 年，城市建成区 30% 以上的面积达到海绵城市建设要求；到 2030 年，城市建成区 80% 以上的面积达到海绵城市建设要求。届时，一个河畅岸绿、人水和谐、生态宜居、高原特色的“海绵”玉溪将展现在市民面前。

（三）高新区产业集群的快速发展

玉溪高新技术产业开发区是在 1992 年成立省

级经济技术开发区的基础上发展起来的。1998年9月经云南省政府批准成立省级高新技术产业开发区。2012年8月，国务院批准云南玉溪高新技术产业开发区升级为国家高新技术产业开发区。这标志着玉溪高新区在新的起点上开启新的征程。

玉溪国家高新区地处滇中腹地，位于泛亚铁路和昆曼高速公路的重要枢纽及结合点，拥有南下至东盟自由贸易区、北上进出内陆市场的便捷通道，建成区面积占玉溪城市建成区面积的1/3，形成了特色鲜明的城市新区。蜚声中外的全国第一大卷烟研发、生产、销售企业红塔集团就坐落在区内。

2004年，云南省政府启动重点工业园区建设，玉溪高新区和红塔工业园区实行合二为一的运作模式。2006年，国家发改委及国土资源部核定玉溪高新园区开发面积为13.12平方千米。其中，位于玉溪中心城区南部的南片区占地6.08平方千米，位于中心城区北部的九龙片区占地7.04平方千米。2011年，玉溪市人民政府决定，将玉溪江川龙泉山生态工业园区纳入玉溪高新技术开发区，并成为其重要组成部分，由玉溪高新区与江川区人民政府共同开发建设。园区规划面积20平方千米，高新区发展空间得到进一步拓展。

玉溪高新区长期坚持推进园区产业集群发展模式，重点培植和发展生物医药产业、新材料产业、农产品精深加工产业、卷烟及配套产业等主导产业，南片区形成以发展卷烟及“两烟”配套、生物制药为主的现代化园区；九龙片区大力发展电子信息、生物产业，产业集聚初具规模。2012年，玉溪高新区被授予云南省第一批省级生物产业示范基地；2014年，被授予云南省高层次人才创新创业示范基地。

至2015年底，玉溪高新园区共有企业1825户，其中：外资企业6户，高新技术企业19户，私营企业1745户；个体工商户4555户，民营经济从业人员3.9万人。园区拥有12个国家级、省级科研单位和技术中心，先后承担了252个国家级和省级科技研发项目，实现生产总值471.6亿元（含玉溪卷烟厂）。

1. 红塔集团，民族工业的一面旗帜

红塔烟草（集团）有限责任公司由1956年创建于玉溪市红塔山下的玉溪卷烟厂发展而来。从一个小规模的烟叶复烤厂到名列中国前茅、世界前列的以烟草为主业、多元化、国际化经营的现代化跨国烟草企业集团，红塔集团的发展史就是一部中国民族工业不断求新图变追赶世界先进水平的演进史。经过半个多世纪不平凡的历程，红塔集团创制了以“红塔山”为代表的一系列“中国创造”品牌，创造了经济学界称道的“红塔山现象”，树起了中国民族工业的一面旗帜。

改革开放为玉溪卷烟厂带来极其重要的发展机遇。在改革开放之前，玉溪卷烟厂每年只能生产卷烟 28 万箱，实现税利 9800 万元。1985 年，玉溪卷烟年产量和实现税利双双跃居全省各烟厂之首，成为云南省最大的卷烟企业。1988 年，玉溪卷烟厂产量首次突破百万大箱，税利首次突破 10 亿元，达到 13.4 亿元。1992 年，年产卷烟达 110.7 万箱，成为全国最大的卷烟企业。至 1996 年，年产卷烟 218.3 万箱，实现税利 193 亿元，所创税利超过 1995 年位列全国工业企业第一名的大庆石化。1995 年 9 月 19 日，玉溪卷烟厂改制为玉溪红塔烟草（集团）有限责任公司（简称“红塔集团”），实现由工厂制向现代企业公司制转变。

1996年，红塔集团名列中国工业企业前10名，实现税利连续多年居全国大型企业前茅。

2003年，根据中国烟草行业“做精做强主业，保持平衡发展”的基本方针和世界烟草归核化浪潮，红塔集团确立“以烟草业为主，提质创新，增强企业核心竞争”的总体战略思路，从产品的提质创新入手，实施第三轮规模技改。投资21.8亿元的第三轮大规模技改工程与红塔工业园建设，为红塔集团更美好的明天奠定了更加坚实的基础。

2005年12月，“玉溪”牌卷烟与“红塔山”“红梅”一起，获2005年“中国名牌产品”称号，是全国九个首次获此殊荣的卷烟品牌。

2008年1月4日，在北京发布的第十四届国

红塔集团

家级企业管理创新成果，红塔集团“以提升市场竞争力为目标的品牌战略管理”成果获一等奖，是烟草行业唯一获奖的企业；同年8月30日，红塔集团以398.8亿元的营业收入位居2008年中国企业500强第117位，在烟草行业中位居第二。2008年9月9日，继2007年“红塔山”品牌荣膺“第二届亚洲品牌盛典年度大奖”、入选“亚洲品牌500强”之后，“红塔山”品牌再次获得“第三届亚洲品牌盛典年度大奖”。此外，“红塔山”品牌还再次入选“亚洲品牌500强”排行榜第50名，成为唯一进入亚洲500强的中国烟草品牌。

“烟草王国”的传奇、“山高人为峰”的红塔精神，红塔集团创造的辉煌令世人惊叹。2007年，红塔集团年内“红塔山”100万箱下线；2009年11月，年内“红塔山”200万箱、“玉溪”50万箱下线；2011年11月，年内“红塔山”300万箱、“玉溪”100万箱下线。2012年，集团经济效益持续提高，境内外销售规模达583.34万箱，省内合并实现税利495.82亿元。

经济与生态文明共同发展。2004年，按照玉溪市政府“生态立市”的发展战略和“把玉溪建设成为最适合人类居住的地方”的总体规划，红塔集团以“内提质量，外塑形象”思想为指导，结合“第三轮技改”启动“红塔工业园区”项目建设，进行了红塔山主题公园及钱瓜山等景观区的改造建设。在玉溪市生态建设与工业创新的发展道路上，红塔工业园区开创了云南省第一个以“工业旅游”为主题的旅游项目，建成一个工业文化与山水文化交融的新型旅游景区。

2. 生物医药产业集群发展

生物医药产业是玉溪最具发展潜力的战略性新兴产业。2002年以后，玉溪高新区把生物药业产业作为新的支柱产业和新的经济增长点来抓，成效显著。2013年，玉溪市制定出台了《关于加快推进生物医药产业跨越发展的指导意见》，并列为九大重点产业之一。多年来，玉溪市积极构建玉溪高新区生物医药重点园区，鼓励生物医药企业向健康服务领域拓展，依托“互联网+”融合发展新的生物医药及大健康业态，统筹生物医药、生物农业、医疗器械等生物医药产业链，不断吸引和集聚生物医药产业创新要素，打造以生物制药、现代中药、化学制药、医疗器械为一体的生物医药产业集群。经过十多年的培育和发展，玉溪市已经形成了以新药为龙头、普药为基础、原药为后盾、疫苗为特色的生物医药发展格局。玉溪得天独厚的生物资源、深厚的民族医药底蕴优势及雄厚的现代生物医药产业基础，也为玉溪生物医药产业加快发展提供了保障。

在玉溪市生物医药产业发展进程中，沃森生物成为该行业的标杆龙头企业。沃森自 2005 年落地高新区后，通过自主创新，短短几年就发展成长为中国生物疫苗领军企业、国家级的企业疫苗研发中心和疫苗产业化示范基地。沃森生物是国家高新技术企业、国家创新型试点企业，是国家高技术产业化示范工程承担单位，拥有国家认定企业技术中心、昆明国家生物医药产业基地疫苗中试基地、国家细菌结合疫苗技术平台等国家级平台。2010 年 11 月 12 日，云南沃森生物技术股份有限公司在深圳证券交易所成功挂牌上市，成为云南省第一家在中国创业板挂牌上市的企业，同时也是云南第 29 家、玉溪第一家上市公司。公司 2015 年产值 4.09 亿元，占全市制药工业总产值 16.6 亿元的 1/4。经过多年努力，玉溪沃森生物技术公司奠定了玉溪，乃至云南生物制剂研发生产的战略地位。

2015年7月25日，玉溪市人民政府与云南省科技厅、玉溪沃森生物公司签订了《加快玉溪生物医药产业发展战略合作协议》《基金合作协议》。两个协议的签订，为玉溪生物医药产业的发展提供一个更高、更好的发展平台。

“十二五”以来，以维和药业、玉药制药、恒大制药、望子隆制药等为代表的中成药口服剂研发生产，以云南克雷斯制药为代表的传统中药制剂，以云南万绿生物公司、玉溪健坤制药为代表的保健品研发生产，以云南林缘香料、玉溪万方药业、通海杨氏公司等为代表的植化提取、原料药、天然产物研发生产，使玉溪生物医药产业特色鲜明，产品生产线日益丰富，形成了生物医药多品种、多层次发展的产业格局。“十二五”末，行业实现产值8.15亿元，占园区大健康产业比重约34%。至2015年底，玉溪市拥有药品生产批准文号250多个，实现生产药品品种100多个，形成了以高新区为核心区，其他县区相应布局的聚集区，产业格局基本形成。

3. 互联网 + 快速发展

在国家实施“一带一路”和长江经济带发展战略，以及习近平总书记对云南建成我国面向南亚东南亚辐射中心的新定位背景下，玉溪市作为滇中城市经济圈重要城市，高度重视信息化建设，自 2013 年以来把信息产业作为全市新兴支柱产业进行培育。以华为公司为代表，大量企业进驻玉溪，在“互联网 +”、电子商务、云计算与大数据方面迈出实质性步伐，全市信息产业走在了全省前列。2013 年底，玉溪在全省率先成功申报国家首批“信息消费”试点城市。

玉溪高新区互联网产业园位于高新区南片区，是玉溪市发展信息产业空间布局的核心区域。总建筑面积约 5 万平方米，建设投资约 6 亿元，包括互联网产业创新园、高新电子商务产业园、中磷磷资源交易服务中心等项目及平台。

2014 年，玉溪先后成功入选国家智慧城市试点名单和被列，80 个“互联网 + 政务服务”信息惠民试点之一。“互联网 +”与组织、宣传、医疗健康、教育、警务、政务服务等行业的不断结合，智慧生活触手可及，公共服务能力显著提高。

2014年5月，华为云服务玉溪基地开通运行，玉溪教育云同时上线，玉溪在云计算产业迈出了实质的步伐——改变了传统的教学模式，在教室的触控一体机上，教师可以通过图片、视频、音乐等方式为教学提供素材，让课堂变得更加生动。

玉溪市委、市政府于2014年出台了《关于加快教育信息化建设的实施意见》，率先在全省启动教育信息化建设，建设多媒体教室、计算机室、校园网、录播室、校园安全监控系统等数字校园硬件设施，分享优质的教育资源，覆盖面惠及所有学校和师生。

2014年8月26日，华为云计算数据中心项目在玉溪高新区九龙片区举行开工仪式，成为高新区信息产业招商的一个新起点和玉溪市转型发展的一个大亮点，玉溪云计算的集聚效应开始发挥。该中心作为华为云计算的西南节点，业务范围立足云南，覆盖西南，辐射南亚、东南亚，承接着全省信息/服务备份中心、跨境电子商务中心、全省小语种服务外包中心、离岸数据中心等业务。

2015年1月，玉溪市出台了《玉溪市信息产业发展指导意见》，提速信息产业的发展。该指导意见提出，要以“信息消费”“信息惠民”和“宽带乡村”试点城市建设为契机，以华为玉溪云计算数据中心、融创天下“微总部经济园区”等项目为依托，紧跟世界电子信息技术发展趋势，以全球视野前瞻布局、发挥优势、聚集资源，以应用为先导、产业为核心、创新为动力，大力发展以云计算、大数据和移动电子商务为代表的新一代信息技术产业，着力培育新业态、发展新型商业模式、完善产业链、引导电子信息企业集群聚集发展，带动信息产业整体快速发展，推动全市经济转型升级和提升社会发展水平。这是云南省出台的第一个专门支持信息产业发展的文件。文件出台后，在省内外引起了广泛关注。另外，抓住第四代移动通信（4G）建设、公众移动通信基础设施新一轮的建设高潮，玉溪市及时出台了《关于促进公众通信基础设施建设的通知》，为全市公众通信事业健康发展提供了良好的政策保障和基础支撑。2015 年 3 月，玉溪顺利通过国家区域卫生信息互联互通标准化成熟度测评，成为全国通过测评的 10 个城市之一，也成为西部地区唯一通过国家级测评的地级市。

2015年4月20日至22日，玉溪与腾讯快速展开双向互访。就推动“互联网+”战略合作展开沟通。围绕实施“互联网+电子政务”“互联网+民生服务”“互联网+产业发展”“互联网+小语种社区”等重点领域合作，达成共同推进“云上丝绸之路”共识。5月14日，玉溪市人民政府与腾讯公司在玉溪市签署了战略合作框架协议，双方将发挥各自资源优势，就营造互联网产业发展环境、打造互联网产业集群、共同推动玉溪市“互联网+”、提升智慧城市服务水平达成全方位、深层次的战略合作。6月初，玉溪完成公共免费上网工程“I.YUXI”一期工程，在全市173处公共场所市民可连上政府提供的免费WiFi，成为玉溪建设国家“信息消费”“信息惠民”试点城市的最新成果。7月31日，玉溪与腾讯合作正式上线“城市服务”，成为云南首个“互联网+城市服务”城市。该平台成为政府部门和事业单位为群众提供民生服务的窗口，开通包括医疗、社保、就业、交通、教育、户政、气象、司法、图书借阅等21项便民服务。

2015年8月，北京华唐集团、亿赞普公司、深圳力克电气公司的企业家们，来到玉溪洽谈跨境电子商务贸易平台搭建、数据中心内部设备部署管理等云服务业务，北京华唐集团、亿赞普公司与玉溪正式签署合作框架协议。

2015 年 10 月 14 日，在工业和信息化部、国家发展和改革委员会公布的 2015 年度“宽带中国”示范城市（城市群）名单中，玉溪市名列其中。这是继信息消费、信息惠民、智慧城市和宽带乡村四项国家试点城市后，玉溪市在信息产业方面获得的又一项殊荣。2015 年 12 月 23 日，玉溪市互联网交通安全综合服务平台正式投入使用，市民可在网上办理全市机动车、驾驶证、违法处理 3 大类 10 项业务。

随着信息产业的发展，云计算已经成为加速玉溪经济转型发展、缓解就业压力的重要引擎。2015 年玉溪信息产业实现产值 38.1 亿元，实现增加值 12.4 亿元。同时，在推动传统产业转型，包括烟草在内的传统产业也走上信息化推动流程优化和结构转型的新路。

2016 年初，玉溪市启动了“互联网 + 人社”行动计划，通过网站、微信公众号等向社会提供就业创业、社会保障、人才人事、劳动关系、农民工服务、信访、人社系统办公自动化7方面的服务。2016年6月20日，玉溪市举行“互联网+宣传”启动仪式，“玉溪宣传”微信公众号正式上线，标志着玉溪市“互联网+”在宣传领域的运用又迈出了新步伐。

（四）休闲宜居的美好家园

玉溪市长期坚持生态立市战略，坚持经济社会与生态环境协调发展，良好的生态环境已经成为玉溪市经济社会发展的最大优势，成为全市转方式、调结构的强大引擎。一座绿色生态、和谐宜居、特色鲜明、活力四射的品质魅力现代城市应运而生。“休闲、宜居、生态”已经成为玉溪的城市名片。2009年9月云南16个州市城市幸福指数评比中，玉溪的幸福指数总票数和排名均位居第一。

玉溪天蓝水清，一年四季绿意盎然，城市犹如花园，多年的生态城市建设，既保留了具有历史文化价值的中心老城区面貌，又新建成多个休闲娱乐生态文化景区。现代设施齐全，现代文明与历史印迹自然融合，是人与自然和谐相处的绿色家园。

玉溪因河得名，玉溪大河“形似玉带，溪水清澈如碧玉”，是玉溪人民的母亲河。经过三期工程的治理，玉溪丈河既是城市防御洪水的水利工程，同时也成为玉溪一道亮丽的风景线。水景长廊绕城而过，“三水归流”令玉溪大河重现“碧玉清溪”美景。“城在水中，水在城中”，玉溪变得更加漂亮、更适宜居住。

“天地有美景，玉溪景如画。”无论来自何方的游客，只要进入玉溪，都能见到两湖大瀑布、十里柿花树的优美景观。每当秋冬时节，玉溪大河旁国内首条柿树景观大道的柿子树如火般绽放，让游人流连忘返。

碧湖、玉湖、玉溪大河、聂耳文化广场、聂

聂耳音乐广场

耳音乐广场、出水口生态公园，经过10多年的生态城市建设，成为玉溪的新地标。新兴城市玉溪也成为一座具有高原山水特色的现代宜居生态城市，是一个让人有幸福感的美丽家园。

展望未来启新程。2016年9月8日至10日，中国共产党玉溪市第五次代表大会胜利召开。会议表决通过了《关于中国共产党玉溪市第四届委员会工作报告的决议》和《关于中国共产党玉溪市第四届纪律检查委员会工作报告的决议》。会议总结市第四次党代会以来的工作，确定玉溪今后五年奋斗目标和主要任务，动员和带领全市党

出水口瀑布

员和各族人民进一步解放思想、开拓进取，进一步鼓舞斗志、凝聚力量，进一步挖掘潜能、发挥优势，进一步艰苦创业、团结奋斗，为完成“十三五”时期目标任务而努力奋斗。市委书记罗应光代表中国共产党玉溪市第四届委员会向大会做了题为“牢记使命　砥砺前行　为在全省率先全面建成小康社会而努力奋斗”的工作报告。

报告明确了玉溪未来五年的主要奋斗目标：实现经济社会跨越发展，到2020年，圆满完成“十三五”规划，基本建成全省产业转型升级的先行区、新兴产业发展的集聚区、生态休闲旅游度假区和重要内陆港，实现玉溪县区GDP均超过100亿元，到2021年，力争规模以上固定资产投资突破2000亿元、全市GDP达2000亿元以上；率先在全省全面建成小康社会；建成全省民族团结进步示范区；争当全省生态文明建设排头兵；建成国际大通道和现代物流重要枢纽、辐射南亚东南亚的重要基地；建成生态宜居文明幸福的魅力之城。

报告提出，要突出重点、抓住关键，扎扎实实抓好5个方面的工作。一要坚持生态立市，描绘美丽宜居的“山水画”。二要坚持产业富市，打造跨越发展的主引擎。三要坚持创新强市，增强赶超跨越的内动力。四要坚持开放兴市，谱写合作共赢的新篇章。五要坚持共享和市，创造幸福美满的好日子。

报告强调，今后五年，必须高举中国特色社会主义伟大旗帜，坚持以邓小平理论、“三个代表”重要思想和科学发展观为指导，深入学习贯彻习近平总书记系列重要讲话和考察云南重要讲话精神，全面贯彻党的十八大和十八届三中、四中、五中全会以及省委九届十一次、十二次、十三次全会精神，围绕“五位一体”总体布局和“四个全面”战略布局，落实五大发展理念，坚持经济社会发展“5577”总体思路，坚定不移地实施生态立市、产业富市、创新强市、开放兴市、共享和市五大战略；坚定不移地推进“五网”设施建设；坚定不移地巩固提升卷烟及配套、矿冶及装备制造、高原特色现代农业三大传统产业，发展壮大生物医药及大健康、文化旅游、信息、现代物流四大新兴产业；坚定不移地实施脱贫攻坚、教育提质惠民、创业促进就业、城乡居民增收、社保扩面提标、健康养生养老、人口均衡发展七大民生工程，奋力闯出一条具有玉溪特色的跨越式发展之路，在全省率先全面建成小康社会，谱写好“中国梦”的玉溪篇章。

报告强调，促进新跨越，实现新目标，关键在党，关键在各级领导班子和领导干部。必须履行政治责任，全面从严治党，着力提升党建工作科学化水平，充分发挥市委在各项事业中的领导核心作用。一要突出思想建党，牢牢把握正确的政治方向。二要加强能力建设，锻造“四铁”干部队伍。三要夯实基层基础，筑牢坚强战斗堡垒。四要严明纪律规矩，营造风清气正的政治生态。五要凝聚各方力量，开创团结干事的大好局面。

“十三五”开局之年，玉溪的历史翻开了崭新的一页，迎来大有作为的重要战略机遇期，踏上了开启现代化建设的新征程，玉溪的明天将会越来越美好。

参考文献

[1] 玉溪年鉴编辑部 . 玉溪年鉴 [M]. 德宏民族出版社，2015.

[2] [明] 刘文征 . 天启滇志 [M]. 上海古籍出版社，2002.

[3] [明] 诸葛元声 . 滇史 [M]. 德宏民族出版社，1994.

[4] [明] 倪辂 . 南诏野史 [M].

[5] [明] 禄洪 . 北征集 [M].

[6] [清] 魏荩臣 . 康熙通海县志 [M]. 云南人民出版社，1993.

[7] [清] 江濬源，罗惠恩 . 嘉庆临安府志 [M].

[8] 玉溪地区地方志编纂委员会 . 玉溪地区志 [M]. 中华书局，1994.

[9] 马睿，方汝秀 . 滇中烈士党史人物选

编［M］.云南民族出版社，1992.

［10］陈寿.三国志［M］.中华书局，1982.

［11］明史［M］.中华书局，2000.

［12］钱海岳.南明史［M］.中华书局，2006.

［13］清史稿［M］.中华书局，1977.

［14］［清］张廷玉等.玉溪地区旧志丛刊·民国地志十种［M］.云南人民出版社，1997.

［15］潘先林，张黎波.天南电光——辛亥革命在云南［M］.云南人民出版社，2011.

［16］云南白药集团.云南白药大事记［M］.

［17］聂耳全集［M］.文化艺术出版社，2012.

［18］郑璀，蓝德健，孟晓妍.学者郑易里［M］.中国农业出版社，2012.

［19］锁昕翔.纳训评传［M］.宁夏人民出版社，2009.

［20］周艳芬.偏山联海［M］.中国广播电视出版社，2003.

［21］张玲.敢为天下先——玉溪创新实绩选［M］.云南民族出版社，2004.

［22］李文彦.中国玉溪九龙池［M］.云南

民族出版社，2007.

[23] 董文献，杨兴荣 . 走进玉溪 [M]. 云南出版集团，云南人民出版社，2014.

[24] 杨兴荣 . 文化玉溪 [M]. 云南人民出版社，2015.

[25] 中共玉溪市委办公室，玉溪市人民政府办公室、玉溪市统计局 . 玉溪奋进的五十年 [M]. 2001.

[26] 玉溪“三湖”生态城市群发展创意与实践 [M]. 德宏民族出版社，2004.

[27] 玉溪市社会科学界联合会 . 玉溪发展研究报告（2003—2012）[M]. 云南人民出版社，2013.

[28] 云南玉溪高新技术产业开发区管理委员会 . 云南玉溪高新技术产业开发区志（1992—2007）[M].2008。

[29] 玉溪市人大常委会 . 玉溪城市生态录（2003—2009）》[M].

[30] 红塔烟草集团有限责任公司 . 红塔集团年鉴（2013）[M]. 云南人民出版社，2013.

[31] 红塔烟草集团有限责任公司 . 红塔集团志 [M]. 云南人民出版社，2006.

后　记

在谱写好“中国梦”玉溪篇章的历史进程中，玉溪市委把挖掘、整理、传承玉溪的优秀历史传统文化，作为增强文化自信、培育社会主义核心价值观的基础性工程；把彰显“红塔山”的坚韧与进取、“抚仙湖”的境界与内涵、“玉溪人”的自强与担当，作为弘扬民族精神、汇聚发展力量的重要举措。为充分展示玉溪的历史文化，在市委、市人民政府和省社科联的重视支持下，《玉溪史话》得以诞生。

本书是集体研究和创作的结果。由市社科联牵头，组织来自市委宣传部、市人大教科文卫委、玉溪日报社、市文联的专家组成课题组研究策划，并承担主要编辑工作。本书由周葵、蔡传斌、徐云松、杨雪、梁艳波5位同志执笔，陈克华、普洪光、钟长生3位同志统稿。本书图文由矣顺文同志统筹，潘泉、李江、张本聪、郭建林、杨燕晨、普文贵、柏映泉、曾永洪、张雯等同志提供了图片。王尚宁、方勇云等对编写修改工作提供了宝贵建议。赵莉萍、范全凯、靳雨、高文庆、罗永宁同志承担了大量具体工作。在这里，感谢市统计局、市气象局、市水利局、市林业局为本书提供相关数据！

由于成书时间紧迫和编者水平所限，疏漏之处在所难免，敬请批评指正。

编　者

2016 年 11 月